MW01517932

SÍ MEREZCO ABUNDANCIA

ISABEL ARVIDE Y CLAUDIA GUERRERO

SÍ MEREZCO ABUNDANCIA

**CRÓNICAS DE CINISMO E IMPUNIDAD SOBRE
KARIME Y OTRAS "PRIMERAS DAMAS"
DE MÉXICO.**

temas'de hoy.

Diseño de portada: Óscar O. González
Fotografía de portada: Isaac Esquivel/Cuartoscuro.com
17 de marzo de 2011: Javier Duarte de Ochoa,
Gobernador de Veracruz, y su esposa Karime Macías, durante
la inauguración oficial de la Cumbre Tajín, Papantla, Veracruz.

© 2017, Editorial Planeta Mexicana, S.A. de C.V.
Bajo el sello editorial TEMAS DE HOY M.R.
Avenida Presidente Masarik núm. 111, Piso 2
Colonia Polanco V Sección
Delegación Miguel Hidalgo
C.P. 11560, Ciudad de México
www.planetadelibros.com.mx

Primera edición: agosto de 2017
ISBN: 978-607-07-4218-7

Impreso en los talleres de Litográfica Ingramex, S.A. de C.V.
Centeno núm. 162, colonia Granjas Esmeralda, Ciudad de México
Impreso y hecho en México – *Printed and made in Mexico*

Índice

Para Jorja Sophia.
Para Ian Luis, mi motor, mi solecito.

Capítulo I

*Debes encontrar dentro de ti
el lugar donde nada es imposible...*

¿Poder es igual a dinero?

¿Al utilizar el dinero público una mujer, la mujer del poderoso, se convierte en poderosa? Eso debe haber pensado Karime —ministro sin cartera, poder detrás del trono, siempre presente en la toma de decisiones políticas—, a quien el uso y usufructo del poder público no le era suficiente.

Abundancia de poder. Abundancia de dinero mal habido. Abundancia que jamás llegó a llenar el inmenso vacío emocional. Nunca suficientemente bonita, inteligente o necesaria, compitiendo permanentemente con un espejo imaginario que le recordaba que su nariz, protagonista de todas sus inseguridades, debía cambiarse. Y, sin embargo, no lograba reunir el valor para hacerlo.

■ IA

Los diarios de Karime

En los diarios de Karime se plasma la soledad de una mujer a la que podríamos catalogar como obsesiva compulsiva. El orden tenaz en el que vierte sus pensamientos en las agendas M

Blanc nos indica también que es una mujer organizada. Los enunciados escritos con su propia mano fueron sus fieles compañeros de vida.

Un curso de programación neurolingüística marcó no solo la vida de Javier Duarte y Karime, sino también el rumbo de la administración del exgobernador de Veracruz. Al principio se trató de una experiencia esotérica, pero en pocos meses provocó excesos administrativos y enriquecimientos personales. Cuando Javier era candidato a la gubernatura, Karime le comentó a la entonces primera dama, Rosa Margarita Borunda de Herrera, que gracias a un curso de superación personal estaba preparada para ser la esposa del próximo gobernador del estado.

Durante el sexenio de Fidel Herrera, cuando Javier era su secretario de Finanzas y Planeación, los Duarte Macías conocieron a Irma Azomoza y Ponce, experta *trainer manager* en neurolingüística, con especialidad en psicología transpersonal, originaria de la ciudad de Puebla. Con el tiempo se convertiría en la gurú de Karime en temas de superación personal y obtendría como pago a sus servicios múltiples contratos de capacitación para los trabajadores de la Secretaría de Finanzas, por supuesto, con cargo al erario estatal.

La amistad entre Irma y Karime se hizo tan fuerte que la directora general de Desarrollo Transpersonal Instituto Universitario, AC, con sede en Puebla, instaló una franquicia de su institución educativa en Veracruz. Para ello alquiló un edificio en la calle de Araucarias, en el Fraccionamiento Indeco Ánimas, en Xalapa. Édgar Spinoso Carrera, exoficial mayor de la Secretaría de Educación y actual diputado federal —hoy investigado por la Fiscalía General de Veracruz por desvío de recursos y enriquecimiento ilícito—, le facilitó los permisos y claves de estudios. Lo curioso es que la sede en Veracruz de

Desarrollo Transpersonal Instituto Universitario nunca fue abierta, pese a los gastos en renta, reclutamiento de personal y compra de muebles.

La confianza ganada con Karime hizo que Irma Azomoza promoviera a su yerno, Mario Rincón, dueño de la revista *genteDpoder*, publicación poblana sobre política, como coordinador general de Comunicación Social. No obstante, semanas antes de su toma de protesta, Javier Duarte cambió de opinión y designó a María Gina Domínguez Colío titular de esa dependencia. Ese nombramiento provocó el rompimiento entre Irma Azomoza y Karime.

Pero el tema de la abundancia lo aprendieron tan bien los Duarte-Macías en los cursos de neurolingüística que lo utilizaron en el eslogan oficial: «Veracruz próspero». Este lema sería el *leitmotiv* de todo su sexenio, lleno de excesos y despilfarros del erario estatal. Pretendieron poner en práctica el arte de la atracción sin medir las consecuencias.

Las clases de programación neurolingüística obligaron a la esposa del futuro candidato a gobernador de Veracruz a escribir miles de planas con la frase: «Sí merezco abundancia». Estos ejercicios tenían como objetivo inhibir miedos, frustraciones, fobias, y, tal vez, hasta filias. Karime manifestaba sus traumas ante sus compañeros de curso: «Así como me ven, yo era gorda», pues de joven era obesa. De ahí su disciplina en la comida. A los amigos les comentaba: «En cuestión de kilos y de zapatos, jamás será suficiente».

Al hablar de sus decepciones, manifestaba ante el grupo haberse casado con un «gordito» porque durante muchos años no tuvo grandes aspiraciones en la vida. Y eso lo plasmaba en su libreta especial en sus *Decretos afirmativos*, de donde nació el «Veracruz próspero».

De acuerdo con la Real Academia Española, *prosperidad* significa «el curso favorable de las cosas» y «la buena suerte o éxito en lo que se emprende, sucede u ocurre». La programación neurolingüística se enfoca a la riqueza y se canaliza de acuerdo a las propias obsesiones.

Durante un tiempo Irma Azomoza fue asidua a la casa de los Duarte Macías y expresaba en comentarios la manera en la que Karime controlaba todo lo referente a Javier: desde la corbata que usaba hasta los amigos y las personas que visitaban la casa, para evitar las malas vibras y la alteración de los chakras. Pero al frustrarse la apertura de Desarrollo Transpersonal Instituto Universitario, se ahondó la ruptura entre Karime e Irma y la *trainer manager* terminó abandonando el estado.

⌒

La noticia del hallazgo de los tesoros de los Duarte Macías fue demoledora. La información se difundió en los *chats* de periodistas del norte, centro y sur de Veracruz. Era la nota más importante. Sobre todo, después de que se anunciara que el gobernador Miguel Ángel Yunes Linares haría un pronunciamiento.

El 9 de noviembre de 2016 dimos la noticia del desmantelamiento de Casa Veracruz, al filtrarse la mudanza realizada por el exsecretario de Javier Duarte, José Ramón Cárdeno Shaadi. En esa ocasión, se tuvo conocimiento de que guaruras y policías hicieron el traslado de las pertenencias de Javier y Karime a un lugar desconocido.

Desde el sábado 18 de febrero de 2017 se rumoreó la incautación de una bodega ubicada en Avenida 39 número 2110, en Córdoba, Veracruz, y, al día siguiente, los vecinos alertaron de la presencia del gobernador Yunes Linares, quien estaba acompañado del fiscal general de Veracruz, Jorge Winckler Ortiz. El lunes siguiente se realizó una conferencia de prensa y se mostró a los medios de comunicación la vida de relumbrón y excesos que tenían Javier Duarte y su familia.

Lo primero que se observa es un sinnúmero de cajas con documentos, probablemente muchos de ellos son archivos desaparecidos de varias dependencias que involucran a Duarte y exfuncionarios por desvíos de recursos y el robo al erario estatal. Además de multitud de regalos, entre obras de arte, esculturas, hasta excentricidades como una silla de montar con el apellido Duarte, una campana antigua, cuadros con la imagen de Javier y Karime, una banca de fierro colado con el escudo oficial de Veracruz, robada del jardín de la residencia Casa Veracruz.

Los *Decretos afirmativos* de Karime cuentan sus experiencias diarias y detalles de su vida personal y marital. También contienen datos de cuentas bancarias, mapas de propiedades, agendas oficiales y, entre otras situaciones personales, comentarios personales despectivos, dignos de una niña mimada, que muestran la relación superficial que tenía con su suegra, María Cecilia de Ochoa. Todo ello resultó ser oro molido para la investigación.

La versión oficial fue que la bodega se localizó por una llamada anónima, pero dicha versión es poco creíble. El desmantelamiento de Casa Veracruz fue botín de guerra, pues a la hora de la mudanza no hubo control o inventario por parte del personal que laboraba en el inmueble. La separación del cargo de Javier Duarte, el 12 de octubre de 2016, provocó la pérdida de esculturas y objetos valiosos, propiedad del gobierno del estado, que fueron sustraídos por trabajadores de confianza y guaruras.

Durante el recorrido por la bodega, convertida en una especie de museo de las excentricidades, se observa el trofeo al premio *Rising Star,* presuntamente entregado por la publicación *Campaigns & Elections* a Javier Duarte en 2011, el cual tiene la leyenda: «Yo soy honesto». Al darse a conocer esto a la opinión pública, la empresa editorial aseguró que era falso y desmintió haberlo entregado. Ese año, la Contraloría General del Estado, encabezada por Iván López Fernández, había lanzado una campaña de concientización en las escuelas y entre el público en general para evitar incurrir en actos de soborno y promover el valor de la honestidad entre los ciudadanos.

Al ser despedido de su cargo, y al no conseguir la candidatura al municipio de Emiliano Zapata, demarcación cercana a Xalapa, Iván López se dedicó a ser crítico de Javier Duarte y a denunciar públicamente actos de corrupción que él mismo omitió durante su paso como titular de la Contraloría. La campaña del gobierno de Javier Duarte titulada «Yo soy honesto», difundida en medios de comunicación, Internet y redes sociales, resultó una burla, pues años después se puso al descubierto el robo descomunal y vergonzoso realizado en su administración.

Además de artículos personales de Javier Duarte y su familia, también se encontraron sillas de ruedas, andaderas, despensas, útiles escolares y otros bienes que podrían pertenecer al gobierno del estado; palos de golf, una colección de balones, barcos a escala, plumas costosas y varias vajillas.

Karime era fanática del yoga. En 2014, su inclinación por las cuestiones espirituales la llevó a descuidar su imagen, al punto de no arreglarse el cabello y llevar poco maquillaje. Actitud que imitó Javier Duarte, al dejarse crecer la barba y el cabello. Los rumores que circularon fueron que la alineación de chakras y otros temas esotéricos los obligaban a olvidarse de la imagen personal y a preocuparse solo por la espiritualidad. Pero este abandono personal finalizó cuando surgieron las críticas en las redes sociales y las burlas en los medios de comunicación.

Sin lugar a dudas, Karime era una mujer controladora. Las agendas, con valor de entre 1,200 y 2,000 pesos, retratan sus frustraciones y tristezas. La «primera *lady*», como ella misma se llamaba, citaba a sus grandes amigos, como Moisés Mansur Cysneiros, socio de Javier Duarte desde el sexenio de Fidel Herrera, cuando Duarte era secretario de Finanzas. Mansur Cysneiros era quien pagaba las cuentas y caprichos de Karime, y es una de las personas más mencionadas en los *Decretos afirmativos*.

También hace alusión al actual diputado local por Córdoba, Juan Manuel del Castillo González, uno de sus grandes amigos, aliado en el pago a las empresas fantasmas de su familia. Actualmente, Del Castillo González es investigado por la Fiscalía General del Estado por su desempeño como subsecretario de Finanzas, al detectarle anomalías y desvíos de recursos etiquetados. Juan Manuel del Castillo goza de fuero constitucional y su fortuna se calcula en más de 800 millones de pesos.

Las largas planas de «Sí merezco abundancia» como ejercicio para los chakras y la programación mental, también eran en cierta medida un desahogo de culpas, pues dejan ver un evidente remordimiento, si bien solo pasajero. Pero en general las libretas exhiben la frialdad de los negocios, los que enumera de su puño y letra. No omitió los números de las cuentas bancarias —de las que se contabilizan diez—, ni referencias a las ciudades italianas en donde estuvo de visita, como Venecia y Roma. A esta última ciudad fue en diciembre de 2013 y logró ver al papa Francisco en el Vaticano.

Además de «Sí merezco abundancia», otra frase emblemática de Karime era: «¡Qué güeva!», sobre todo cuando se refería al Patronato del DIF. Sin embargo, pronto la cambió por: «Pero exprímelo». Estas frases reflejan el cinismo de esta mujer enferma de poder. En sus pendientes, en depósitos y cuentas bancarias, así como en cobros a realizar, utiliza con frecuencia el símbolo omega como signo de pesos.

Al teclear en Google la dirección de la bodega donde fueron encontradas las cosas de los Duarte Macías, aparece el nombre de la empresa MB Products, SA de CV, propiedad de Chara Mansur Beltrán, hermano de José Antonio Mansur, exdelegado de Sedesol. Chara aparece como representante ante el Instituto Mexicano de la Propiedad Industrial en el ramo de Salsas y Botanas. En los registros se incluye la dirección Av. 39, número 2110, con la firma de Chara Mansur Beltrán, con el número de celular 2717165411. Al buscar este número en Google se muestra otra empresa denominada Inmobiliaria Mansur, SA de CV. Cabe señalar que los Mansur Beltrán son investigados por ser prestanombres y socios del exgobernador Javier Duarte.

La familia Mansur está integrada por el patriarca, Chara Mansur Galán; José Antonio Mansur Beltrán, exfuncionario federal, y Chara Mansur Beltrán, el hombre de negocios. Los tres son investigados por una red de corrupción en la que presuntamente participaron como prestanombres y protectores del hoy exgobernador preso. No se ha aclarado por qué, el año pasado, le fue vendida dicha bodega a un exempleado de la Secretaría de Educación de Veracruz, de nombre Isaac Domínguez Acosta, quien aparece como el actual dueño.

Los diarios personales involucran también a la actriz de telenovelas Edith González y un avión cargado con mucho dinero. Cuenta la anécdota que durante una cena, estando presentes el gobernador de Veracruz y su esposa Karime, Lorenzo Lazo Margáin y Edith González, a Javier Duarte le informaron que una aeronave de Veracruz, que transportaba maletas con dinero, había sido detenida en el aeropuerto de Toluca, en el Estado de México. Su primera reacción fue preguntar: «¿Quién será?». Pasaron unos cuantos minutos para que la opinión pública supiera que el avión, en el que se habían incautado 25 millones de pesos, pertenecía al gobierno de Veracruz. Eran los tiempos de campaña a la Presidencia de la República, cuando Enrique Peña Nieto era candidato del PRI.

Después de que se conoció la anécdota, la actriz Edith González fue involucrada en la investigación de los *Panamá Papers* como beneficiaria de una empresa radicada en Las Bahamas. Lorenzo Lazo Margáin es director jurídico del despacho Alemán Velasco y Asociados y colaborador del exgobernador de Veracruz, Miguel Alemán.

■ CG

Brenda Ruacho Bernal es la esposa del gobernador de Baja California Norte, Francisco *Kiko* Vega de Lamadrid. En sus redes sociales dice que hace 17 años conoció al amor de su vida, con quien tiene un hijo… y apenas se casó.

Hace 17 años, la fecha que menciona la «primera dama», don Kiko estaba casado con la madre de sus dos hijas mayores: Zarema Labastida.

«*Oh my God*», dicen las buenas familias. En pueblo chico todo se sabe. Y también todo se fustiga. ¿Eso importa, haber sido la amante?

¿Tenemos una nueva Karime?

¿O una reencarnación de Alicia en el País de las Maravillas, su personaje favorito?

El gobernador panista de Baja California adquirió celebridad por decir, durante la conmemoración del Día de la Mujer, en marzo de 2017, que las mujeres son «rebuenas para cuidar la casa».

En ese orden de ideas, su esposa Brenda tendría que ser lo que le sigue a «rebuena» porque tienen muchas casas.

¿Las consortes del poder sienten debilidad por las propiedades?

Una denuncia penal que data de 2013 acusa a Francisco *Kiko* Vega de poseer propiedades en México y Estados Unidos por 113 millones de pesos, lo que no corresponde, presuntamente, a sus ingresos. Acusación que, como suele suceder, no prosperó. En ella se puntualizaba que Vega de Lamadrid tiene propiedades en Estados Unidos por 57 millones de pesos, y en México 17 más valuadas en 76 millones de pesos. Más lo que ha acumulado estos años.

Después de tomar posesión como gobernador, a finales de ese año se mandó construir una nueva «residencia» en la Avenida Maltrata, Colonia Cumbres de Juárez, de la ciudad de Tijuana, por un valor de 4 millones de dólares, en una superficie de 2,500 metros cuadrados. El gobernador declaró que como su sueldo de 110,000 pesos mensuales «no le alcanza», además de cumplir con sus obligaciones como servidor público seguirá en la iniciativa privada haciendo negocios, ya que «ser gobernador no me debe impedir tener negocios. La ley sí me impide que me sirva del gobierno para hacer negocios, pero eso no sucede».[1]

La beneficiaria, no sabemos si socia o impulsora de dichos «negocios», es Brenda.

Ella tiene una casa —todo esto es público— en Chula Vista, Estados Unidos, una población que colinda con Tijuana, en San Miguel Ranch, un exclusivo fraccionamiento, que vale un millón de dólares; para ser precisos, su valor comercial es de 969,000 dólares. Número mágico, por lo visto.

Esta residencia, que se sumó a los bienes del gobernador en funciones, la tiene doña Brenda Ruacho desde 2008, cuando el hijo de ambos, Carlo, ya había nacido. En Tijuana posee otra casa, millonaria, también a su nombre.

La mansión de Chula Vista cuenta con cuatro recámaras, estacionamiento para otros tantos vehículos y alberca.

---

[1] Antonio Heras, *Proceso* No. 2109, 24 de noviembre de 2016.

Las hijas del primer matrimonio del gobernador, Zarema y Zaira, también tienen propiedades en San Diego, Estados Unidos, entre ellas una casa en la zona de La Jolla, cercana adonde residía la maestra Elba Esther Gordillo, además de terrenos de mucho valor catastral que, curiosamente, pertenecieron al ayuntamiento de Tijuana cuando su padre fue alcalde. En uno de sus terrenos su padre, el gobernador, construye el fraccionamiento San Carlos.

El 4 de marzo de 2017 el gobernador Vega de Lamadrid declaró en conferencia de prensa tener 20 propiedades repartidas en nuestro país y Estados Unidos; aceptó que al mismo tiempo que se desempeña como gobernador sigue con sus actividades empresariales, y se negó a hacer pública su declaración patrimonial.

¿Qué papel juega en estas actividades, políticas y proveedoras de recursos millonarios, su nueva esposa?

Brenda Ruacho Bernal, según algunas biografías, nació y vivió en San Diego, EUA, y algunas informaciones afirman que es «historiadora del arte», aunque oficialmente no constan sus «estudios».

Antes de tomar posesión su marido, ella declaró: «No creo que todas las primeras damas cuando estuvimos pequeñas, nuestro deseo haya sido ser primera dama. Yo creo que pudiera haber sido, princesa o doctora, o policía, cualquier otra cosa donde esté en tu control decidir qué vas a hacer en la vida» [*sic*].

Independientemente del pobre lenguaje, con esta afirmación queda demostrado que, al igual que otras consortes del poder, vive su papel como «un mandato divino», fuera de su control.

Y vaya que lo «explota» publicitariamente. En su página de Facebook hay innumerables fotografías que van desde besos con su marido hasta su constante presencia en eventos oficiales. Un gran despliegue de «comunicación». No hay duda de su protagonismo, como tampoco de las varias cirugías plásticas que se ha realizado con el fin de conservar su apariencia juvenil.

A los múltiples eventos del DIF acude con blusas muy ajustadas, como de «uniforme». Casi siempre de color blanco. El cabello pintado de negro, muy largo, casi despeinado, como adolescente, y con apenas una diadema que lo intenta «contener». Pocas alhajas, lo que aparentemente es una constante en las consortes del poder: el anillo de compromiso —un brillante de buen tamaño— y, por supuesto, el de matrimonio.

En otras actividades oficiales luce trajes que parecen comprados en una barata, precisamente en el Outlet de Chulavista, siempre con el afán de parecer más joven, de hacer notar sus nuevas «tetas» que parecen romper la tela de tanta silicona.

La más interesante de todas esas fotografías, de tanto viaje de ego público, es en la que aparece disfrazada, sí, textualmente disfrazada, de Alicia en el País de las Maravillas —la que reconocemos como su verdadera vocación—. Ello con motivo de su «no cumpleaños», como asevera en su cuenta de Facebook, adonde subió dicha fotografía.

«La mejor edad de una mujer es cuando empieza a cumplir sus sueños», dice un texto sobrepuesto a la misma.

Y uno se pregunta: ¿cuáles serán esos sueños? ¿Haberse casado con su amante, que estaba a su vez casado cuando tuvieron un hijo? ¿Tener tantas propiedades? ¿El protagonismo inherente al poder sexenal de su marido?

En una entrevista declaró que lo que más le gusta es «ir al cine, comer en familia». También al Gran Premio de México, en la zona VIP, a juzgar por las fotos del pasado noviembre de 2016.

Refiriéndose a su «trabajo» como primera dama, Brenda Ruacho afirma: «Llegas por azares del destino… llegas por designación. Y tienes dos opciones: dejar huella o no hacer nada, porque también es un trabajo voluntario. En mi caso sí quiero dejar huella… quiero que la que venga después de mí tenga que ser mejor que yo… en un momento dado, estamos hablando también de que yo pudiera ser parte del acercamiento con la ciudadanía. Kiko tiene mucho trabajo y hay que también dejarlo gobernar… el trabajo no me asusta».

En lo que tal vez no se ha metido es en el manejo de los recursos públicos. Porque el gobernador Vega de Lamadrid no pagó en 2016 a la Universidad Autónoma de Baja California un subsidio de 476 millones de pesos, y a las escuelas de la entidad no les ha entregado 340 millones de pesos como subsidio de la «Beca Progreso»…

¿Alguna semejanza con lo que hizo Javier Duarte?

La pareja Vega de Lamadrid-Ruacho corre el riesgo de ser perseguida por la justicia… norteamericana. Mientras en México las denuncias contra el publicitado enriquecimiento del gobernador no han prosperado, en Estados Unidos sí. Este «rumor» fue publicado por el portal *Tijuana Sin Censura* el 5 de marzo de 2017, firmado por Mariano Soto.

Ahí se dice que el FBI estaría investigando a la pareja por lavado de dinero por 30 millones de dólares, y que por ello no tienen visa para cruzar a Estados Unidos, o sea, no pueden pernoctar en alguna de sus residencias millonarias. La autoridad mexicana no ha opinado al respecto, aunque también hubo el rumor de que estaban siendo investigados por el Senado… así, en general, el Senado…

Esta versión tampoco fue desmentida por el gobernador, y tiene credibilidad tomando en cuenta la detención que llevó a cabo precisamente el FBI de Édgar Veytia, fiscal de Nayarit en funciones, en marzo de 2017, al cruzar de Tijuana a San Diego.

⌐⌐

Karime Macías de Duarte escribía en sus diarios qué clase de ropa de cama, enseres de cocina y demás debía llevar a cada una de sus casas. Incluso, el nombre de las «sirvientas» que habían ido con ella en algunas ocasiones, y quiénes debían o no «repetir» el viaje.

¿Cómo organizará sus casas en Mexicali, Tijuana, Cancún, San Diego, y demás, la «primera dama» Vega de Lamadrid?

¿Tendrá en todos sus clósets, escondidos, disfraces de princesa o de personajes de cuentos de hadas?

¿Cuánto dinero tendrá depositado en Estados Unidos? ¿Quién fue su primer marido y padre de su primer hijo? ¿Discutirá con su marido por las propiedades —muchas— que les ha dado a sus hijas grandes? ¿Se sentirá orgullosa de encarnar a la mujer ideal de su marido: «rebuena para cuidar la casa»?

Brenda Ruacho es panista, por cierto. Aunque tiene un lugar en su «corazón» para Enrique Peña Nieto, con quien se ha tomado innumerables *selfies* que colecciona.

■ IA

CAPÍTULO 2

*El haber estudiado
ha hecho toda la diferencia,
ha sido como una llave mágica.*

Ojalá vivas en tiempos interesantes...

¿La ambición de una provinciana encumbrada a un poder que no le correspondía?

Es una explicación muy simple.

Karime Macías Tubilla se erige como la gran villana de la corrupción en Veracruz a través, obviamente, de su marido.

¿Es que todas las mujeres se convierten en protagonistas por medio de «sus hombres»? La realidad es que no hubiera podido tender su gran red de corrupción si Javier Duarte no hubiese sido electo gobernador.

¿Destino que es fatalidad? No, definitivamente. En Karime todo es voluntad. Una inmensa voluntad para controlar, para comerse el mundo, para convertirse en dueña de la atención, hasta para construir un personaje totalmente alejado de su propia historia con las monjas.

Karime es hija de un padre volátil, que suele fracasar, que se tropieza con sus propios pasos, que un día es poderoso y otro está a punto de ir a la cárcel. Y, que, según sus propias palabras, se saca en la lotería 50 millones de pesos.

Karime es hija de una madre educada en la tradición libanesa de la obediencia, que fue maltratada, que tal vez ni siquiera se dio cuenta de que la forma en que era tratada por su marido, Jesús Antonio, era, justamente, un *maltrato*.

Infancia que es destino.

■ IA

En Coatzacoalcos, importante ciudad petrolera de Veracruz, a principios de la década pasada la familia Tubilla Letayf se codeaba con la alta sociedad porteña. Vivía en ese entorno gracias a sus relaciones políticas y a la cercanía con personajes que en el futuro serían fundamentales para su destino, como el entonces senador Fidel Herrera Beltrán. Esa relación permitió que los Tubilla Letayf, Tubilla Muñoz, Ramírez Tubilla y, los más importantes, Macías Tubilla, emprendieran negocios productivos y alcanzaran una inusitada riqueza, antes impensable para ellos. Todos los Tubilla presumieron su nueva vida y su protagonismo en los nuevos tiempos políticos de Veracruz en las redes sociales.

Karime Macías Tubilla y Javier Duarte de Ochoa iniciaron su noviazgo en la década de 1990, y su presencia en eventos sociales quedó registrada en fotografías periodísticas de aquellos años. Algunas veces aparecían acompañados por Brenda Tubilla Muñoz, prima de Karime, quien, con los años, se convertiría en la operadora de lucrativos negocios desde la administración estatal y se volvería parte fundamental de la trama de corrupción de la pareja. Aquellas fotografías, en las que también figuraban amigos de la época, reflejan los tiempos duros de Duarte, quien quería ser aceptado en el círculo de la sociedad porteña de la mano de Karime, su mayor protectora, que lo arropaba con el cariño que años después se pondría a prueba.

Karime es hija de Jesús Antonio Macías Yazegey y María Virginia Yazmín Tubilla Letayf. Nació en Coatzacoalcos y estudió la licenciatura en Derecho en la Universidad Iberoamericana, en la Ciudad de México. Cursó después una maestría y el doctorado en Asistencia Social en la Universidad Complutense, en Madrid, España. Si se busca el registro de su cédula profesional, aparece el de la licenciatura con el número 3457603, expedida en 2001. Javier Duarte y Karime iniciaron su noviazgo cuando estudiaban en la universidad y se casaron años después, procreando tres hijos: Javier, Carolina y Emilio, este último nació durante la administración de Duarte como gobernador de Veracruz.

De la familia Tubilla sobresalen varios actores que tiempo después serían partícipes del saqueo y la debacle financiera de Veracruz. María de los Ángeles Muñoz de Tubilla, mejor conocida como *la Chata* Tubilla, aseguró en una entrevista haber inculcado a sus hijas, Daniela y Brenda, ser mujeres autosuficientes y productivas. Tiempo después, durante su desempeño como funcionarias estatales o prestanombres, aplicaron dicha enseñanza en forma voraz. *La Chata* Tubilla se adjudica el apellido de su esposo, José Tubilla Letayf, hermano de María Virginia Yazmín Tubilla Letayf, madre de Karime. Este siempre ha sido funcionario municipal. Su último cargo fue el de director de Desarrollo Económico en el ayuntamiento de Coatzacoalcos. El 6 de noviembre de 2016, argumentando motivos personales, José Tubilla renunció como consecuencia de la separación del cargo de gobernador de Javier Duarte.

La Chata Tubilla es fotógrafa profesional desde 1977, y su cartera de clientes entre políticos y gente de la sociedad veracruzana es extensa. Era la encargada de hacer las fotografías oficiales, como la realizada al inicio de la administración de Fidel Herrera Beltrán. Cuando Karime se convierte en la primera dama del estado, a la tía política se le facilitaron espacios para sus exposiciones y se incrementaron los contratos.

Por otro lado, la prima Brenda, egresada de Mercadotecnia y Administración de Empresas por la Universidad de Massachusetts, fue conocida tiempo después por monopolizar la organización de festivales del estado: los carnavales de Veracruz, las fiestas de la Candelaria en Tlacotalpan, o la Cumbre Tajín, así como los Juegos Centroamericanos y del Caribe.

Daniela Tubilla Muñoz, hermana mayor de Brenda, prima hermana de Karime, impulsó la carrera de su esposo, Rogelio Santos Elizondo, para ser delegado del Infonavit en Veracruz. Pero este fue señalado en una investigación publicada por el reconocido periodista de Coatzacoalcos, Mussio Cárdenas Arellano,[2] quien informó que antes del nombramiento federal Santos Elizondo era el encargado de cuidar las casas adquiridas por el matrimonio Duarte Macías ubicadas en Estados Unidos. Las casas estaban a nombre de otro Tubilla, el abogado Jorge Fernando Tubilla Pérez, también familiar de Karime. Un Tubilla más, Jorge Ramírez Tubilla, subsecretario de Ingresos de la Secretaría de Finanzas y Planeación durante el gobierno de Javier Duarte, era el responsable de pagar puntualmente los lucrativos negocios que hacía la familia.

Una de las razones principales para imponer a Rogelio Santos Elizondo en la delegación del Infonavit en Veracruz era el interés del padre de Karime, Tony Macías Yazegey, de acaparar la venta de casas de interés social gracias a su experiencia en la década de 1980 como apoderado legal de la inmobiliaria La Voz del Istmo, propiedad de José Pablo Robles Martínez, dueño de los periódicos *Diario del Istmo* e *Imagen* de Veracruz.

---

[2] http://www.informerojo.com/index.php?option=com_content&view=article&id=70705:primo-politico-de-javier-duarte-nuevo-delgado-del-infonavit-en-veracruz&catid=105:estatal&Itemid=571

Una más de esta extensa familia de beneficiados es la hermana de Karime, Mónica Ghihan Macías Tubilla, quien por temporadas vivió entre las ciudades porteñas de Coatzacoalcos y Boca del Río. Mónica, la consentida de Karime, colocó a su esposo, José Armando Rodríguez Ayache, como prestanombres de varios inmuebles, algunos de ellos ubicados en la exclusiva Torre Pelícanos, en Boulevard Ávila Camacho 741, en el Fraccionamiento Costa de Oro, en Boca del Río, en la que cada departamento cuesta 10 millones de pesos.

Estos inmuebles fueron adquiridos en un periodo de seis años, de 2007 a 2013, durante la época en que Javier Duarte fue subsecretario de Finanzas y después gobernador de Veracruz. Rodríguez Ayache también es dueño de departamentos en la exclusiva zona de Polanco, en la Ciudad de México, y de varios inmuebles en Woodlands, Texas, en Estados Unidos. Tan solo una de esas residencias,[3] ubicada en el condado de Harris, tiene un valor de más de 720,000 dólares.

Rodríguez Ayache es originario del Puerto de Veracruz. Inició su actividad como empresario al casarse con Mónica, y en 2010 Javier Duarte lo nombró directivo del equipo de futbol Club Deportivo Tiburones Rojos de Veracruz. Años después, Rodríguez Ayache fue sorprendido cuando llevaba miles de euros en una maleta en el viaje que emprendió rumbo a Guatemala con Karime y sus hijos, el viaje en el que se reunieron con Duarte y que dio pistas a las autoridades para la ubicación del exmandatario.

Otros integrantes del clan Tubilla también gozaron de canonjías. Los hermanos Córsica y Jorge Ramírez Tubilla, primos de Karime, tuvieron con ella una relación cercana. Córsica radicaba en Barcelona, España, donde estudió Historia, Comunicación, y después temas digitales. Regresó a Veracruz

---

[3] http://www.elfinanciero.com.mx/nacional/cunada-de-duarte-duena-de-la-mansion-en-woodlands.html

para tomar las riendas de la página digital del gobierno del estado y se hizo cargo de la imagen del gobernador en las redes sociales.

Córsica perdió la brújula en el manejo de la imagen del gobernador, al publicar un día sí y el siguiente también boletines sobre deslumbrantes obras fantasmas, cifras y estadísticas falsas y supuestos logros gubernamentales. Su política de comunicación cerró los ojos a la grave situación de inseguridad que se vivía en el estado por el aumento de los secuestros, las desapariciones y los asesinatos. Así se trató de minimizar la falta de gobernabilidad.

Un ejemplo de la desconexión con la realidad del gobierno de Duarte fue que, mientras Karime y Córsica realizaban una campaña de concientización entre los usuarios para infundir responsabilidad en el uso de Internet y las redes sociales, vía Twitter Javier Duarte publicaba críticas e insultaba a sus enemigos políticos.

～

Después de las elecciones del 5 de junio de 2016 en Veracruz, la filtración de informes y documentos sobre desvíos de recursos en beneficio de la familia de Karime y el clan Tubilla se hizo viral y permitió conocer la inmensa riqueza de sus integrantes.

La Procuraduría General de la República pidió informes a la Dirección General de Catastro del Estado de Veracruz sobre las propiedades de los integrantes de dicha familia y del resto de los implicados en la red de corrupción. La respuesta de la dependencia fue que los indagados no contaban con propiedades adquiridas durante el sexenio de Javier Duarte. Días después, al hacerse públicas las pruebas del sinnúmero de propiedades a nombre de la familia Tubilla adquiridas en los últimos años, se puso en evidencia la falsedad de la declaración del titular del Catastro, Domingo Yorio Saqui, quien se convertiría en investigado e indiciado por la PGR.

En la misma época, y respecto a las investigaciones federales que involucraron a la Dirección General de Catastro, la PGR pidió al director del Registro Civil, Rafael Valverde Elías, informes concretos —que fueron filtrados y publicados en exclusiva por la autora de estas líneas—[4] sobre las actas de nacimiento de los Tubilla, así como cambios de nombre, regímenes conyugales y defunciones. La razón primordial era detectar las actas de nacimiento y de defunción falsas que sirvieron para constituir y disolver sociedades empresariales. Durante la administración de Javier Duarte fue constante el cambio de régimen conyugal entre sus allegados, para así blanquear fortunas.

——✦——

En julio de 2016 la procuradora general de la República, Arely Gómez, envió con carácter de urgente y confidencial el oficio DGCyV/0994/2016, en el que pidió informes sobre las propiedades de Javier Duarte, Karime Macías y 69 investigados, entre ellos todos los integrantes de la familia Tubilla: su hermana, Mónica Ghihan Macías Tubilla; su madre, María Virginia Yazmín Tubilla Letayf; su cuñado, José Armando Rodríguez Ayache; los primos, Jorge Fernando Ramírez Tubilla —quien había renunciado dos meses antes a Sefiplan—, Corsi Tubilla Letayf y Córsica Alejandra Ramírez Tubilla.

A través de otro oficio, con número CHI-II-052/2016, Roberto Rojas Esquivel, titular de la Agencia Segunda Investigadora de la Unidad de Investigación y Litigación, le pidió al director del Registro Civil del Estado de Veracruz copias certificadas de las actas de nacimiento y matrimonio de las personas que a continuación se enumeran: Javier Duarte de Ochoa, Cecilia de Ochoa

---

[4] http://www.notiver.com.mx/index.php/lascolumnas/377919.html

Guasti, Daniel Duarte de Ochoa, Karime Macías Tubilla, María Virginia Yazmín Tubilla Letayf, Corsi Tubilla Letayf, Mónica Ghihan Macías Tubilla, José Armando Rodríguez Ayache, Córsica Alejandra Ramírez Tubilla, Lucía Letayf Barroso, Jorge Fernando Ramírez Tubilla, Óscar Aguilar Galindo, José Antonio Chara Mansur Beltrán, José Manuel Ruiz Falcón, Octavio Jaime Ruiz Barroso, Gerardo Bonilla Suárez, David Alejandro, Moisés Mansur Cysneiros, José Juan Jainero Rodríguez, Rafael Gerardo Rosas Bocardo, Alejandra Ruiz Ocampo, José Antonio Chara Mansur Beltrán, José Antonio Bandín Ruiz, Mónica Babayan Canal, Mario Rosales Mora, Alfonso Ortega López, Iñaki Negrete González, Lucía Patricia Beltrán Sánchez, Mónica Patricia Mansur Beltrán, Jean Paul Mansur Beltrán, Pablo Héctor Ojeda Cárdenas, Nessim Mansur Cohen, José Antonio Mansur Galán y Lucía Patricia Beltrán Sánchez.

Dicho documento era de carácter confidencial, pues su contenido no podía ser divulgado para salvaguardar la investigación. Y dicha condición fue respetada por Rafael Valverde Elías, el que, como titular del Registro Civil, facilitó toda la información requerida a la PGR, provocando con ello la rabia de Javier Duarte.

Valverde Elías, al recibir la petición de la PGR ordenó a sus subordinados emitir todas las actas de nacimiento, matrimonio, cambio de régimen conyugal y defunción de las personas involucradas en la investigación, las entregó al órgano investigador federal y después informó de ello al gobernador de Veracruz. El enojo de Duarte no se hizo esperar y Valverde Elías presentó su renuncia al cargo que había desempeñado por 16 años.

La metamorfosis de Karime Macías[5] queda evidenciada en una fotografía de 2005 —publicada en mayo de 2016— en la que

[5] http://claudiaguerrero.mx/la-metamorfosis-adinerada-de-javier-duarte/

aparece con Duarte. En ella se ve a una pareja cuya ropa y estilo están lejos de lo que ostentarían años después. Dicha pareja, entonces ajena a su futuro, se transformó en el matrimonio más odiado y denostado en las redes sociales, y fue señalada como la principal culpable de la peor administración estatal de la que se tenga memoria en la historia de Veracruz.

Javier Duarte y Karime se despacharon con la «cuchara grande», permitiendo la corrupción de familiares y amigos cercanos, a quienes dejaron administrar importantes dependencias estatales y enriquecerse con el dinero de los veracruzanos. Padres, hermanos, primos, primas, esposos y esposas, así como amigos de dudosa reputación, cuentan ahora con fortunas incalculables.

La abundancia en la familia Tubilla no tuvo límites. Tal vez la frase de Karime Macías plasmada en su agenda Mont Blanc: «Sí merezco abundancia», se contagió a sus parientes.

■ CG

¿Cómo se crece en un pueblo del sureste donde el calor es infernal y lo mejor que puede pasar son los petroleros; donde la playa es un basurero sin remedio; donde la vida social no pasa de los mismos personajes, y la «luna de plata» es de petróleo?

La historia de Salma Hayek es parecida. Idéntico origen de los abuelos. Aunque difiere en la estabilidad familiar. Y en la belleza que la marca desde pequeña. Salma construye su futuro con inteligencia desde el primer instante en que quiso dejar Coatzacoalcos, con su puente que ya no es levadizo, con su clima desalmado que se equilibra en los 40 grados a la sombra.

Cuando llegó el momento para Karime de «estudiar», ya las bonitas se habían ido de ese pueblo que parece trazado sin sentido, con cuestas empinadas en medio de la nada, con vendedores de *piguas* en las esquinas y cierto olor a podrido.

¿Quiénes quieren vivir en Coatzacoalcos? Además de los petroleros.

¿Era lo suficientemente bonita? No lo parece; no a juzgar por las fotografías en las que va de un esquema de «corrección» —tipo salón de belleza de Polanco— a un desaliño muy *hippie* para su posición. Los dientes algo salidos, delgada, no muy alta, ni rubia ni morena, simple. Y la nariz, grande, desproporcionada... que tanto la acomplejaba.

Ese era el peor de sus retos. Ser simplemente simple. Ni fu ni fa.

Con suéteres demasiado abrigados, con sus muslos no lo suficientemente delgados por la equitación, que nunca abandonó; niña que se sueña rica a perpetuidad, con un gesto de temor que es muy fácil de imaginar a la distancia, Karime llegó a la Universidad Iberoamericana.

Cualquiera que haya estado ahí, o estudiado, sabe que todos, absolutamente todos los que caminan entre sus edificios, sabe a dónde ir. Todos, menos los nuevos que se sienten tan perdidos como indefensos de cara a los edificios iguales de ladrillos sin color.

Niños bien. Niños bien que son niños bien. Niños bien que han sido niños bien estudian en sus aulas. Muchos automóviles en el estacionamiento. Muchos escoltas en la puerta. Una dinámica de pertenencia.

De pertenencia para los que pertenecen.

Una realidad muy complicada para los provincianos. Que no pertenecen. Que se reúnen entre sí para pertenecer.

¿Ahí fue cuando se juró, estilo película de los cincuenta, que «nunca más», que así tuviese que matar o robar, o lo que fuera, nunca más iba a ser ignorada?

En el gobierno de José López Portillo, el gobernador de Guanajuato era Enrique Velasco Ibarra. Que había sido su secretario particular.

En sus memorias, López Portillo anota el 18 de julio de 1980: «Me informan que Velasco tiene abandonado a Guanajuato y anda enajenado».

Lo que sucedía, de lo que se había enterado a la perfección durante una gira en esos días, era que Velasco Ibarra se había enamorado de su secretaria, María Elena Argüelles, a quien le llevaba muchos años.

El romance lo tuvo tan enajenado —como bien decía López—, que lo que menos le interesaba era gobernar. Dejaba hacer a todos sus colaboradores.

La señora Velasco, que por lo visto era de armas tomar, el día que llegaba López a Guanajuato mandó publicar una esquela en todos los diarios locales dándose por muerta, por el abandono de su marido... casquivano.

La fuerza de su amigo, el primer mandatario, lo sostuvo en su «desgobierno». Sin embargo, cuando tomó posesión Miguel de la Madrid, a pocos meses de terminar su periodo «amablemente» le pidieron que solicitase licencia.

En sus memorias, Miguel de la Madrid afirma: «La historia parece chusca, pero en el fondo es sintomática. Al llegar a Guanajuato, Enrique Velasco Ibarra se enamora perdidamente de una muchacha y tiene conflictos públicos con su mujer [la esquela, diríase], de la que finalmente se divorcia, en medio de un gran escándalo local, para casarse con la joven. Estos asuntos, que pertenecen al ámbito privado, se convirtieron en el centro de la vida del mandatario guanajuatense, quien descuidó totalmente el gobierno».

Esto, hace más de 33 años.

⁓

¿Algo ha cambiado en el entorno público de la vida privada de los gobernadores?

Que se lo pregunten a Roberto Borge. Sin esquelas. Con todo el escándalo público por su relación con la joven Gabriela Medrano que fue, con su apoyo, diputada del Partido Verde.

¿Cuántos vestidos hubo que pagarle a la esposa, que sonreía abnegadamente y confrontaba todos los días al gobernador?

Por lo pronto, a su diseñador de cabecera, David Salomón —que después pediría el voto por Carlos Joaquín—, se le tenía en nómina con entre 300,000 y 500,000 pesos mensuales. En su página oficial, el diseñador se anuncia como «Uno de los cien personajes más influyentes en la moda en México». De origen libanés, reside hace más de 20 años en Cancún. Y se dice famoso por vestir a «grandes celebridades».

Lo que no dice es que es yucateco y que muchas de sus telas las compra en La Parisina…

Donde, supongo, encuentra inspiración para los disfraces del carnaval. Porque en carnaval en Quintana Roo había que cambiarse varias veces: bailes del DIF, eventos benéficos, disfraces de todo lo que se les ocurra, muchas lentejuelas. Bailes solamente para mujeres. Trajes diseñados a medida para las niñas, dos, de Mariana Zorrilla.

Todo esto iba directamente a las páginas de sociales de los diarios locales. Mientras tanto, la señorita Gabriela cruzaba y descruzaba las piernas, sentada en primera fila, sobre todo en eventos donde asistía el presidente que, como sabemos, tiene debilidad por las rubias de pelo largo. Y al mismo tiempo subía fotografías a su cuenta en otros países, en aviones particulares, en hoteles de lujo, zapatos de 500 o más dólares.

¿Ilegal? Para nada.

Hay partidas para vestir a la esposa del gobernador. Y si este tiene problemas conyugales, dicho presupuesto se autoriza en segundos.

Esas partidas, poco conocidas, también alcanzan para comprar sombreros… para usarlos en el tradicional «Desayuno del Sombrero», en donde las esposas de los funcionarios competían, de manera individual y como comparsas, por llevar el mejor sombrero.

A final de su sexenio, cuando ya todo se había perdido en las urnas, cuando las acusaciones —unas ciertas, otras no— eran una vorágine sin fin, Roberto Borge se divorció de Mariana.

Y la joven señora, que lo conoció cuando le probó un par de zapatos en la tienda Louis Vuitton de Cancún, a cuya boda acudió todo México, incluido el famoso Luis Videgaray, tardaría pocos meses en encontrar su «hilo rojo».

Así, textualmente, su «hilo rojo». De acuerdo con una leyenda que se reproduce en un libro, tal vez de autoayuda, como los que suele leer y citar en su cuenta de Instagram, un «hilo rojo» une a dos personas que nacieron la una para la otra.

Este personaje es el hermano —divorciado— de la madrina de la hija menor, a la que bautizaron con la presencia de la *Rubia de oro*, Paulina Rubio, en una escenografía diseñada por ella con cientos de miles de rosas… El mundo es pequeño. Campechano pero residente en Puebla, para más detalles.

En los días del sexenio de Roberto Borge, si Mariana estaba en Cancún, la agenda del gobernador se llevaba a cabo en Chetumal o en cualquier otra ciudad, o viceversa. La novia se disgustaba si estaba junto a ella… La vida política de la entidad estuvo marcada por esta relación tan desafortunada que todos sus amigos le pidieron que dejase. Y, hasta la fecha, cada vez que encuentras a alguien que la conoció, el tema comienza: «Si nos hubiera hecho caso…».

Al final, los pleitos de Borge con ambas, por separado, fueron tan fuertes y grotescos que no vale la pena describirlos. Despertaban la solidaridad con el gobernante que estaba agobiado, obnubilado, como ya dijimos, pero sobre todo agraviado por ambas relaciones y ambas mujeres.

Otra hubiera sido la suerte de Quintana Roo si este romance no se hubiera dado con tal intensidad. Si alguna vez Gabriela Medrano hubiera pensado en algo que no fuera su propio beneficio. Ahora de la mano del señor gobernador de Michoacán, según se dice.

La inteligencia de Borge —que es mucha— se enajenó de todas las maneras posibles. Como sucedió con Enrique Velasco Ibarra.

La diferencia es que Roberto Borge terminó a duras penas el periodo que le correspondía como gobernador, perdiendo la elección. De inmediato comenzaron las investigaciones en su contra con denuncias locales. A cada información crecía el asombro. Incluso de quienes estuvimos cerca de su gobierno. Imposible imaginar siquiera tantos excesos. El tema más fuerte fue el de los terrenos del estado, patrimonio de Quintana Roo, vendidos a precio de risa a sus cuates, incluso a su mamá. De ahí vino la orden de aprehensión federal. Lo encontraron en Panamá, donde deberá pasar semanas, o meses, según las «negociaciones», para ser extraditado a México. Como sucede con Javier Duarte en Guatemala.

Aunque los negocios desde el poder parecerían ser la norma, este sexenio, tanto en el ámbito federal como en algunas entidades federativas, han rebasado todo. ¿Cómo puede suceder esto? ¿No hay leyes, no hay controles, no hay alguien en algún lugar interesado en que esto, tan manicomial, tan carente de calificativo, no suceda?

El DIF bajo su mando, como es costumbre, repartió desayunos escolares, sillas de ruedas, juguetes, cobijas, lo correspondiente… más las fiestas, los conciertos, los desayunos, todo lo que la ocupase. A ella en Quintana Roo, mientras el gobernador viajaba por el mundo para promover el turismo.

Lo que sucedió fue que David Salomón ganó mucho dinero del erario público, con gran deslealtad para su patrón al final por su abierto proselitismo contra el PRI. Por cierto, qué mal gusto del diseñador yucateco que llegó a vestir igual a la «primera dama» que a las edecanes en un informe del gobernador… todas apretujadas en vestidos de licra y encaje rojo… Supongo que la tela estaba de barata en La Parisina.

Acontece que un día llegan noticias sobre el «hilo rojo», referencia cotidiana en la cuenta de Instagram de Mariana, que mencionan que no tiene en qué *caerse muerto*, situación que agobia a Roberto Borge.

Ocurre que otro día hablan de los nuevos pleitos entre Borge y la señorita Medrano —que por cierto era la mejor amiga de Mariana—, y pese a haber terminado la relación con ambas, dicen, sigue aferrado a discutir con ellas por horas. Y por mensajes de celular. Mejor ni comentar los rumores de su nuevo «noviazgo» con el gobernador de Michoacán…

Sucedió, también, que Velasco Ibarra se casó con su *amor*, tuvieron tres hijos, y vivieron juntos hasta su muerte.

¿Dónde entra la ley? En ningún ámbito. A López Portillo le dio la gana sostener a su cuate en un mal gobierno. A Miguel de la Madrid le dio la misma gana quitar a un «gobernante enajenado». Y, obviamente, a Peña Nieto le dio exactamente igual el tema de Borge y sus mujeres; tal vez la Medrano no llenó sus estándares.

¿Se vale todo? El amor, dicen, todo perdona… incluyendo los temas de gobierno.

¿Y en Veracruz? No hay fotografías que muestren a la señora Duarte, a doña Karime, disfrazada para eventos del carnaval. Sí, en cambio, al gobernador personificado como Nerón. ¿Fantasía o ganas de prenderle fuego a todo?

La casa de Humberto Moreira en Saltillo. La que yo me tragué que era decoración de su muy «rica» nueva esposa, Vanessa Guerrero. Con tantas salas de juntas, en un espacio gigantesco, que no sabías dónde sentarte.

Y a raíz de la publicación de mi libro *Entre políticos y rufianes* (Planeta, 2016), vinieron, los que saben, a sacarme de mi error. Ni Vanessa ni su familia eran los millonarios, en dólares, que me contaba Humberto.

Por eso, tal vez no solamente por eso, el gobierno de Estados Unidos embargó a doña Herminia Martínez, la mamá de Vanessa, la suegra del exgobernador, una casa en San Antonio, Texas, con valor aproximado de 12 millones de pesos.

Que no fue reclamada. Ni siquiera chistaron. Ni los Moreira ni su familia política dijeron media palabra cuando la subastaron.

En abril de 2017 surgió un escándalo más. Desde Estados Unidos un empresario detenido por sus negocios en ese país, Luis Carlos Castillo Cervantes, conocido como el *Rey de los dragones* por sus máquinas pavimentadoras, declaró que le entregaba dinero a Moreira por una *diferencia* entre lo que se pavimentaba y lo que se facturaba. Otros exgobernadores, como Eugenio Hernández, de Tamaulipas, o Luis Reynoso Femat, de Aguascalientes, también están en ese expediente.

Ahí se informa que, según sus propias palabras, Javier Villarreal, extesorero de Coahuila durante su gobierno, preso en ese país, le llevó, junto con Jorge Torres, exgobernador prófugo de la justicia, «dos costales» que contenían 40 millones de pesos hasta su domicilio, ese, el de las muchas salas.

～

El mejor material para entender la corrupción de la pareja durante su paso por el gobierno de Veracruz está en los diarios de Karime. También, no hay duda, podrían servir para un profundo análisis de su personalidad. En ellos escribió: «Relación c/todos los secretarios, para ver qué obras hay y seguimientos para reportar… nosotros… relación con empresarios que le reporten… relaciones económicas con otros actores políticos y mandos de comunicación… administración de aviones y helicópteros… nosotros… buscar negocios».

Son muchos los indicios: «Moy una cuenta por cada negocio… ¿Javier hay comisión por la colocación? ¿Cuánto es, a dónde va?».

Y junto a esto, que expresa sus obsesiones por los negocios ilícitos, Karime también escribió: «Hacer la maleta para el hospital». Es decir, para ir a dar a luz a su hijo más pequeño, que nació en diciembre de 2013.

La casa de gobierno que se convirtió en la «Casa del amor».

Al final del gobierno de Jesús Martínez Ross, en 1981, se terminó de construir, en Chetumal, la Casa de Gobierno. Para su tiempo una inmensa residencia con cuatro recámaras, alberca, palapa…

Como gobernador, el primero del Estado Libre y Soberano de Quintana Roo, Martínez Ross vivió en el tercer piso del Palacio de Gobierno, frente al malecón, en un improvisado departamento.

Si bien se negó a habitar la casa oficial, sí envió a su esposa a Miami, junto con el arquitecto, a comprar los muebles para esta. A su esposa la acompañó en estos viajes la joven esposa del secretario de Gobierno, Pedro Joaquín Coldwell. Quien, casualidades de la vida, se dice que es muy amigo de Tony Macías, el papá de Karime.

Ahí surgió un romance que, a decir de Pedro en ese tiempo, no era tal sino una amistad inocente entre ambos. Lo cierto es que Joaquín Coldwell ya era el precandidato a gobernador más conocido, y una noche que su padre encontró a su nuera y al arquitecto cenando en céntrico restaurante de Cozumel, Los Pepes, lo presionó al divorcio.

Historias de las casas y las consortes y las aspirantes a consortes.

Karime Macías escribía en sus diarios, esos que «sospechosamente» encontraron en una bodega, sobre sus casas.

Tiene muchas casas. Y, claro, muchos pendientes al respecto. Ahí, con letra pulcra ponía, con todo detalle, lo que debía llevar a cada una de ellas. La ropa de cama, las sirvientas en turno… todo lo necesario.

A todas esas casas quería irse a vivir al terminar el gobierno de Duarte. En permanente peregrinar, como debe hacerlo la jequesa de Qatar, Mozah bint Nasser al-Missned.

Tal vez la residencia más cercana a su corazón era el rancho de Valle de Bravo, Las Mesas, valorado en 223 millones de pesos. Ahí estaban sus caballos, algunos con valor superior a los 5 millones de pesos. En especial dos caballos, de la colección que tenía la señora Duarte en dicho rancho, eran valiosos: Apollo G y Beyahcinthye. Por los dos se pagaron 600,000 dólares. Y estuvieron registrados a nombre de Karime en la Federación Ecuestre Mexicana.

Mientras se construía el rancho Las Mesas, la señora enseñaba a montar a caballo a sus hijos en otro rancho, situado en Coatepec, Veracruz.

A Karime —no hay que olvidar— le gustaba enormidades montar a caballo. Disciplina que, según los especialistas, «ayuda a superar los miedos, mejora el autocontrol… además de tonificar los glúteos».

Por eso el rancho Las Mesas, de 922,000 metros cuadrados de extensión, fue diseñado a su gusto. A su gusto por los caballos, a los que casi lleva a su recámara. El arquitecto Manuel Cervantes Céspedes, que lo construyó, recibió un premio de la Architectural League, en Nueva York, por lograr que una casa de lujo estuviese casi en el establo.

Es decir, donde «vivían» los lujosos caballos de Karime. Los equinos por los que pagó de 5 millones de pesos para arriba.

La historia del amor-pasión de Karime por los caballos es pública. Basta mirar una fotografía donde esté vestida de amazona, de preferencia saltando sobre un equino, para entender de qué manera este deporte fue más que una prioridad. Es la única ocasión, arriba de un caballo, en que la mujer se muestra realizada a plenitud.

Hablando de caballos, también el erario público pagó este vicio. O pasión, como se prefiera. En 2015, el entonces secretario de Gobierno de Duarte, actual diputado local por el Partido Verde, Gerardo Buganza, pagó los eventos realizados para que ella mostrase su talento. Así, de una bolsa (como les dicen coloquialmente a estos recursos públicos) que llegó a sus manos de 29'894,000 pesos para repartir bajo el concepto de subsidios, Buganza pagaba a empresas ecuestres.

El 23 de abril de 2015 se realizó en el Club Hípico Xalapa un Concurso Internacional de Salto Ecuestre, en el que también participaron el empresario Antonio Chedraui y el maestro de Karime, Nicolás Pizarro. A la empresa organizadora, Equus, le pagaron 1'250,000 pesos... un gotita de agua en el inmenso mar de los gastos ordenados por Karime.

Sobre esta vocación deportiva —este amor a los caballos—, Karime escribió en mayo de 2014 en su columna publicada en varios diarios locales: «La patria grande se hizo a caballo. Jinete y político se lanzan a la pista con la intención de hacerlo bien, pues en caso de fallar ellos mismos van de por medio y las consecuencia pueden ser fatales. No conozco un jinete que monte con la idea de caerse, ni a un político que trabaje con la intención de manchar su nombre... No cualquiera se sube al caballo y una vez arriba no cualquiera salta, y una vez saltando no cualquiera llega a saltar 1.60 metros, y una vez en esa altura no cualquiera sonríe... Igual en la política».

Por cierto, a esta empresa también le quedaron a deber varios millones de pesos por otros eventos ecuestres.

El rancho Las Mesas —contó a sus colegas con orgullo el arquitecto Cervantes— es una casa entre un lienzo y las caballerizas y el cortijo. Sin amueblar costó 223 millones de pesos. ¿Cuántas casas llegó a tener Karime? Propiedades en Madrid, en Miami, en Arizona, más lo que aparezca... pero ninguna tan cercana a su corazón como Las Mesas.

Además de las caballerizas, el rancho tiene una cocina moderna, grandes habitaciones y todas las comodidades imaginables. Todo lo que el dinero, y el buen gusto del arquitecto Cervantes Céspedes, incorporaron al proyecto residencial. Es obvio decir que además de este rancho, dicho arquitecto trabajó otros proyectos del gobierno de Javier Duarte.

Karime ya había huido con su esposo-socio cuando se publicaron unas fotografías, a finales de noviembre de 2016, en las que se observa la extrema desnutrición de dos de sus caballos favoritos, abandonados en el rancho una vez que fue intervenido por la PGR.

Como otras de sus propiedades, el rancho Las Mesas no estaba a su nombre. A tercios pertenece, o pertenecía, porque lo «entregaron» al gobierno de Veracruz, a Rafael Gerardo Rosas Bocardo, Juan José Janeiro Rodríguez y Moisés Mansur Cysneiros.

Este último —amigo íntimo, socio, cómplice, cercanísimo a la señora desde que compartieron departamento en la Ciudad de México, Javier, ella y él, cuando estudiaban en la Universidad Iberoamericana, hace más de 20 años—, revelaba a finales de octubre de 2016 desde Canadá, la más íntima intimidad de los negocios que compartieron... a cambio de impunidad.

Y, obviamente, entregó su «parte» del rancho Las Mesas.

Se trata del mismo personaje que le proporcionó una tarjeta American Express para sus «compras», del responsable de pedir el «moche» por cada obra que ordenaba el gobierno, y, sí, también del tipo que hizo su testamento a nombre del gobernador hoy prófugo.

En julio de 2014 Karime escribía: «Existe una vieja maldición china que dice: "Ojalá vivas en tiempos interesantes". Vaya que nos ha tocado vivirlos». Y lo que siguió, diría yo.

«Karime Macías fue la gran operadora de Duarte, sin duda. Fue una presencia muy importante en tareas de gobierno, encabezaba reuniones de gabinete... era habitual verla ahí. Tenía a su cargo la parte de concertar, planear, negocios ilícitos, desde las comisiones hasta quién debía administrarlos. Fue la gran operadora de Duarte. Tenía presencia ejecutiva en tareas de gobierno... Esto se sabía en Veracruz...». Son declaraciones del gobernador de Veracruz, Miguel Ángel Yunes Linares, en entrevista con Carmen Aristegui, el 21 de febrero de 2017.

■ IA

¿Cómo imaginar dónde guardaban el dinero?

¿Cómo guardar miles de millones de pesos robados al erario público estatal de Veracruz? La respuesta resulta complicada, aunque algunos políticos la han podido responder en broma: ¡En un aljibe impermeabilizado y los billetes bien envueltos en plástico o enterrados en el jardín de tu casa!

Existe la versión de que las casas de los exfuncionarios del sexenio de Fidel Herrera y Javier Duarte son verdaderas fortalezas para evitar que les roben. No quieren un machetazo a caballo de espadas.

El 1 de diciembre de 2016, al rendir protesta Miguel Ángel Yunes Linares como Gobernador Constitucional del Estado de Veracruz, en su primer discurso ante los diputados locales e invitados dio datos escalofriantes, al informar que recibía un estado quebrado por 100,000 millones de pesos, desfalco perpetrado por la administración saliente de Javier Duarte. Hasta el mes de junio de 2017 continuaba la auditoría estatal en las diferentes dependencias gubernamentales, debido al desorden y opacidad administrativa heredados.

«El mal que azotó a Veracruz se llamó corrupción, a la vista, consentida y solapada. Todo el pueblo reclama justicia y a ese pueblo responderé haciendo justicia», prometió Yunes a los veracruzanos.

El 20 de enero de 2017, Leonel Bustos Solís, exdirector del régimen estatal de seguridad social, fue detenido por desvíos de recursos del Seguro Popular por 2,300 millones de pesos, pero, debido a una solicitud de amparo, fue puesto en libertad el 31 del mismo mes. Semanas más tarde, Bustos Solís no obtuvo el amparo y no se presentó a la audiencia en el penal de Pacho Viejo, en el municipio de Coatepec, librándose una nueva orden de aprehensión en su contra. Actualmente se encuentra prófugo.

El 3 de febrero de 2017, el exsecretario de Seguridad Pública, Arturo Bermúdez Zurita, acudió a una audiencia en el mismo penal, y al salir de ella fue notificado de que un juez había librado una orden de aprehensión en su contra. Sin tener un amparo vigente, y por estar acusado de enriquecimiento ilícito y otros delitos graves, fue recluido en Pacho Viejo. El exfuncionario amasó de manera inexplicable una enorme fortuna en bienes inmuebles, algunos de ellos ubicados en Woodlands, Texas, así como en empresas de seguridad privada, casas de empeño, empresas de grúas, hoteles de lujo, inmobiliarias, agencias de viajes. Durante su paso por la Secretaría de Seguridad Pública fue uno de los principales proveedores de la dependencia a través de su hijastro, Alan Román Mendoza.[6] También, durante su gestión, el 18 de enero de 2014 policías de la corporación asesinaron al participante de *La Voz México*, Gibrán Martiz Díaz. Las autoridades pretendieron encubrir el crimen en el que hay otras dos víctimas; sin embargo, la tenacidad del padre de uno de los asesinados sacó a la luz la verdad de los hechos.

El 12 de octubre de 2016, después de la separación del cargo de Javier Duarte, tomó protesta como gobernador interino Flavino Ríos Alvarado, quien el mismo día, pero del mes de marzo de 2017, fue detenido por elementos ministeriales cuando salía de su residencia en el fraccionamiento El Lago, en Xalapa. Fue acusado de brindar facilidades para la fuga de Duarte mediante el préstamo de una aeronave propiedad del gobierno de Veracruz. Actualmente, por un problema de hipertensión que le estaba afectando el corazón, un juez ordenó que siguiera su proceso en su domicilio particular.

El extitular del Órgano de Fiscalización Superior del Estado de Veracruz (Orfis), así como excontralor general del estado y exsecretario de Finanzas en la administración de Javier Duarte, Mauricio Audirac Murillo, fue detenido por elementos ministeriales en la ciudad de Puebla el 29 de marzo de 2017, bajo la petición de la Fiscalía General de Veracruz, por su presunta responsabilidad en los delitos de coalición en agravio del servicio público. La detención de este exfuncionario provocó asombro entre la opinión pública, ya que era el operador financiero de Javier Duarte. Sus abogados pretendieron echar abajo el auto de vinculación al proceso argumentando que su detención había

---

[6] http://periodicoveraz.com/juniors-y-complices-de-bermudez-proveedores-de-seguridad-publica/

sido ilegal; sin embargo, este recurso no fue aceptado por el juez y por lo tanto enfrentará desde la cárcel su juicio. El exfuncionario está acusado también del desvío de 2,300 millones de pesos del Seguro Popular durante el Ejercicio Fiscal 2014. A él se le atribuye haber solicitado la transferencia de esos recursos hacia instrumentos financieros, como consta en la Carpeta de Investigación.

El 31 de marzo fue detenido Francisco Antonio Valencia García, exdirector de la Comisión del Agua del Estado de Veracruz (CAEV), y fue recluido en el Centro de Readaptación Social (Cereso) Pacho Viejo. El también empresario restaurantero, dueño de Viníssimo, un lugar visitado por todos los funcionarios de Fidel Herrera y Javier Duarte, fue servidor público en el gobierno duartista entre marzo y octubre de 2013, al desempeñarse como titular de la desaparecida Secretaría de Comunicaciones. Ante el escándalo por desvíos de recursos en esa dependencia, Duarte la desapareció por decreto y le cambió el nombre a Secretaría de Infraestructura y Obra Pública, tratando de ocultar con ello la malversación de recursos etiquetados para obra estatal. En abril de 2014, el Orfis detectó un daño patrimonial por cerca de 26 millones de pesos durante la administración de Valencia García. Valencia había iniciado negociaciones con el PRD para obtener la candidatura a la gubernatura por ese partido en 2016, pero estas no prosperaron, y finalmente fue Miguel Ángel Yunes el abanderado de la coalición PAN-PRD. El mismo día de su reclusión, la juez de control le dictó un año de prisión preventiva y su proceso judicial lo llevará en la cárcel.

En octubre de 2016, el portal *Animal Político*[7] informó sobre el desvío de recursos públicos para la compra de inmuebles en Miami por los Duarte Macías mediante prestanombres.

[7] http://www.animalpolitico.com/2016/10/propiedades-javier-duarte-miami/

Se contabilizaron 19 residencias, adquiridas durante los años 2012 y 2013, ubicadas en fraccionamientos de clase media y media alta. El interés primordial al comprar estos inmuebles era lavar el dinero mediante su venta posterior, de manera de no dejar rastro del dinero proveniente del erario público. Las operaciones fraudulentas y el desvío de recursos fueron corroborados por la declaración de Alfonso Ortega López, operador financiero de Javier y Karime, quien encabezó las gestiones legales en Estados Unidos para adquirir los bienes. Javier Duarte conoció a Ortega hace 20 años, cuando eran estudiantes, el primero de la Universidad Iberoamericana y el segundo del ITAM.

El 12 de octubre de 2016, el mismo día de la separación del cargo del exgobernador, Ortega confesó ante la PGR la creación de un sinfín de empresas fantasma. Las operaciones de compra-venta de casas están especificadas en un voluminoso expediente. En su declaración, Ortega dijo que las últimas palabras externadas por Javier Duarte fueron: «Tú sabes de dónde viene el dinero». El abogado corporativo pormenorizó la adquisición de más de 30 casas en Miami, Florida; seis tiempos compartidos en el Hotel St. Regis, en Nueva York; varios inmuebles en Woodlands, Texas, y en Arizona, así como inmuebles en Madrid y Bilbao. También, un edificio en Avenida Masaryk, en Polanco; departamentos en el Club de Golf Bosques de Santa Fe y terrenos en la calle Sierra Fría, en las Lomas de Chapultepec; un terreno en las céntricas avenidas Chapultepec y Salamanca, así como inmuebles en Coyoacán; una residencia en el municipio de Tlacotalpan; el rancho El Faunito, en la zona de Fortín y Córdoba; la Torre Pelícanos en Boca del Río; el rancho Las Mesas, en Valle de Bravo; una plaza comercial en Metepec, y unas bodegas en el Estado de México.

Los departamentos en Ixtapa Zihuatanejo, en Guerrero, y las parcelas en Campeche, así como inmuebles en Cancún, Quintana Roo, fueron adquiridos por otros prestanombres.

~~

En una reunión con amigos empresarios de medios de comunicación, uno de ellos me comentó que en el primer año de la administración de Javier Duarte, los empresarios de Veracruz competían por adquirir lanchas italianas, algunas de las cuales alcanzaban precios de hasta 500,000 dólares. En una de esas comidas con el gobernador, este empresario periodístico le cobró unas facturas de publicidad, comentándole que con ese pago adquiriría una de esas lanchas de moda. Al escuchar esto, Javier Duarte no disimuló su enojo, pero luego recapacitó, prometiéndole el pago oportuno para que pudiera concretar la compra.

Pasaron las semanas, los meses, los años y nunca le pagó. Este empresario se enteró de que a la semana siguiente de esa comida, Javier Duarte había adquirido una lancha italiana de la misma marca, pero con un valor de 800,000 dólares. En el cateo de la bodega localizada en Córdoba se encontró una réplica de la lancha italiana Aquariva Super, que compró en 2011, en el inicio de su gestión sexenal.

El 14 de octubre de 2016, la PGR libró órdenes de aprehensión en contra de Javier Duarte, gobernador con licencia de Veracruz; Moisés Mansur Cysneiros, operador financiero, y de quien existen indicios de que actualmente radica en Canadá; José Juan Jainero Rodríguez, quien vive en Estados Unidos, así como contra Rafael Genaro o Rafael Gerardo Rosas Bocardo, quien se ostentaba como accionista del rancho Las Mesas de Valle de Bravo.

También se libraron órdenes de aprehensión en contra de Santa Bartolo Acuña y Miguel Velázquez Nieva, quienes realizaron actos delictivos junto a Antonino Almazán Arteaga;[8] este

---

[8] http://www.poresto.net/ver_nota.php?zona=qroo&idSeccion=31&idTitulo=187401

último fungió como delegado del Registro Nacional Agrario en el sur de México y fue señalado como el operador en Campeche de la familia de Juan Camilo Mouriño, quien fue secretario de Gobernación durante la administración de Felipe Calderón Hinojosa y murió al desplomarse el avión en el que viajaba a la Ciudad de México.

Cabe recordar que Mouriño fue acusado de despojar grandes extensiones de tierras ejidales en Lerma, Quintana Roo, al simular montajes en asambleas para inscribir como ejidatarios y dueños de parcelas a Miguel Velázquez Nieva, como representante del propio Antonino Almazán, y Santa Bartolo Acuña, como contadora del propio delegado agrario. Moisés Mansur Cysneiros y José Juan Jainero Rodríguez, también aparecen inscritos como ejidatarios. En notas periodísticas se asegura que Miguel Velázquez y Santa Bartolo fungen como presidente y secretaria, respectivamente, del Comisariado Ejidal del Ejido Isla Holbox —lugar conocido por ser una playa casi virgen, dentro del Área de Protección de Flora y Fauna Yum Balam—, así como tener injerencia en el ejido José María Pino Suárez, en donde se ubica el desarrollo turístico Tulum. Existen denuncias interpuestas ante las autoridades federales de todos los ejidos mencionados, por haber despojado a los verdaderos ejidatarios.

A Javier Nava Soria, el contador de Moisés Mansur, y a Isabel y Elia Arzate Peralta, la PGR les congeló 16 cuentas, 15 de ellas en la institución CI Banco. A Elia Arzate Peralta[9] la PGR le congeló cuatro cuentas bancarias, y ella y su hermana Isabel son las únicas que están presas en el Reclusorio Norte, en la Ciudad de México. El 12 de abril de 2017, Nadia Isabel y Elia Arzate Peralta fueron sentenciadas a tres años y cuatro meses de prisión y a una multa de 48,644 pesos, determinada por el juez de

---

[9] https://lopezdoriga.com/nacional/prestanombres-de-javier-duarte-condenados-mas-de-3-anos-de-carcel/

control en el Reclusorio Norte, Gerardo Moreno García, por el delito de lavado de dinero por la cantidad de 223 millones de pesos.

En el caso de Antonino Almazán Arteaga, la PGR investiga a su hermana, Ana Luisa, a la que le congeló cuatro cuentas bancarias, por su presunta complicidad en la investigación de lavado de dinero y la creación de empresas fantasma.

—◦—

La falta de tiempo hizo que Javier Duarte y Karime olvidaran 23 millones de pesos[10] que tenían guardados en cajas de cartón en una casa ubicada en la Colonia del Valle, en la Ciudad de México, los cuales fueron asegurados por elementos de la PGR. Este operativo tuvo lugar en diciembre de 2016, luego de que la dependencia federal tuviera la sospecha de que el exmandatario se encontraba oculto en ese inmueble. Además del dinero en efectivo se encontraron centenarios y alhajas.

Al anunciar el cuantioso aseguramiento, se hizo una comparación de lo entregado por la PGR al gobierno de Miguel Ángel Yunes Linares, en dos cheques, uno por la cantidad de 171'600,000 pesos, y otro más por 851,080 pesos, que fueron recuperados por las denuncias interpuestas. Dicho monto equivale a una parte del presupuesto de tres secretarías: Infraestructura y Obra Pública, con un presupuesto de 249 millones; Turismo y Cultura, con 66 millones, y Medio Ambiente, con 53 millones. También corresponde al presupuesto que se le asigna anualmente a ocho de los municipios más pobres de Veracruz. El gobierno estatal anunció que estos recursos serían aplicados para la reconstrucción, remodelación y equipamiento de hospitales en Veracruz. Los inmuebles rescatados

---

[10] http://www.excelsior.com.mx/nacional/2017/01/12/1139314

y el dinero recuperado sumó 1,200 millones de pesos, aseguró Miguel Ángel Yunes Linares en una rueda de prensa, un día después de la captura de Javier Duarte, el 15 de abril de 2017.

■ CG

Capítulo 3

*En el universo todo sucede
al mismo tiempo…*

Las *first ladies* de Los Pinos

Angélica Rivera ha estado en la cima del escándalo casi todo el sexenio presidencial de su marido, Enrique Peña Nieto. Ha pasado de ser una actriz de telenovelas «aclamada» por el pueblo, a una mujer profundamente rechazada y cuestionada. Cada vez que acude a un centro comercial en el extranjero, pasatiempo de sus favoritos, o viaja acompañada de sus cuates, es «descubierta», fotografiada y satanizada en las redes sociales, columnas de espectáculos y programas de televisión.

Sin embargo, no ha sido lastimada políticamente. Por instrucción de la oficina de prensa de Los Pinos, por autocensura, o por cuidado personal de muchos analistas políticos, Angélica no es una protagonista de la corrupción, real o supuesta, de su pareja.

De ella se ha dicho todo. O casi todo. Uno de los libros más serios al respecto lo escribió Sanjuana Martínez, una periodista que escribe de política. Y, lo más importante, del poder. Ahí resume lo que muchos han dicho de manera fragmentada sobre la Gaviota, desde la extraña y más que conveniente anulación, aparentemente fuera de la norma eclesiástica, de su primer matrimonio, hasta de sus departamentos en Miami.

Nada nuevo, pero la organización que hace Sanjuana de tantas verdades repetidas les otorga un gran valor.

Angélica es la que sale a decir, mal vestida y peor dirigida, que la Casa Blanca es suya, producto de los millonarios pagos que recibió de Televisa, y que generosamente va a cancelar el trato. Angélica es la que pide a un cuate, lo que le parece muy normal al primer mandatario, que le «pague» el predial de su departamento… poco más de 600,000 pesos… como cosa, precisamente, de «cuates». Angélica es la que recibe todas las críticas por su vestuario de miles de miles de dólares. Angélica es la recibe todas las críticas por el mal gusto de ese vestuario.

Angélica manda en un avión privado al otro lado del mundo, y también aquí cerca, a su maquillista exclusivo, el que le pega bien las pestañas postizas, con cargo al erario. Angélica es la que coloca a sus hermanos en concesiones millonarias de gobierno, tan oscuras como proporcionar los alimentos en los aviones oficiales. Angélica es la acude al teatro a ver a su hija que quiere ser actriz o viaja a España a escuchar un concierto de Alejandro Fernández.

Angélica es la que tiene innumerables actividades privadas y personales y artísticas donde se gasta mucho dinero. Pero, ¿es en verdad odiada? ¿Angélica es, o puede ser, un signo claro de corrupción? ¿Es socia o cómplice de negocios? ¿Es una figura fuerte?

En los hechos, Angélica es la primera dama, la *first lady* más gris, más oscura, más irrelevante que hemos tenido.

Es, también, la que le da consejos al presidente Peña, que no escucha. Así lo dijo el Presidente de la República en la conmemoración del Día de la Mujer, el 8 de marzo de 2017:

«Gracias amor por estar siempre pendiente con tu orientación, tu consejo… ahí siempre está el consejo de la mujer. Ya que lo atiendan o no pues es otra cosa. Sabes que no siempre, a lo mejor, termino por escucharlo o atenderlo».

Cuánta humillación. Como en sus pleitos públicos. O en sus más públicas ausencias, que todos saben que están llenas de compañía femenina, porque Peña ha sido siempre un seductor.

Así, humillada en público, días después Angélica decidió no asistir al evento tradicional del inicio de la Colecta de la Cruz Roja Mexicana. Acto que se repite en todo el país, siempre con la asistencia de la primera dama. Ahí —algo muy poco común dentro del protocolo político mexicano—, lo dejó solo.

Y luego, días después, disfrazada con ajustados pantalones de mezclilla y camisa sobre la más ajustada de las camisetas, el cabello más rubio, las permanentes pestañas postizas, inició un periplo por el país en eventos a los que nunca asiste. Lo mismo del DIF, que entrega de «apoyos» previos a la campaña política en el Estado de México, que inauguración de temas de migrantes.

Cogió su avioncito, supongo que también acompañada del maquillista, por aquello de quién le pega las pestañas, e hizo una gira que, imagino, busca borrar la imagen frívola. Muy a destiempo. Cuando el enojo popular, la falta de credibilidad, la violencia y tantos factores operan en su contra. A cinco minutos de dejar el poder, doña Angélica se despojó de su vestuario suntuoso y quiere —como si fuese un capricho semanal— vestirse de humilde mujer del pueblo que trabaja de *first lady*.

Cuando ella fue la que decidió, a principios del gobierno de su marido, no vincularse con el DIF. Ese instrumento de poder que todas las consortes utilizan para su lucimiento y su enriquecimiento, o por lo menos para *sacar para sus gastos, para sus «chicles»*.

Ellas son, es básico entenderlo, coprotagonistas forzadas de un sistema político permisivo, corrupto, que no tiene definiciones morales ni límites. En el que lo que importa es el poder por el poder para el poder.

Esta realidad desdibuja cualquier otra. Ninguna está preparada para esto. Ni siquiera con el bagaje de la fama de las telenovelas. El universo del poder es un gran monstruo que todo lo devora.

Esto, es obvio, en el mejor de los casos. Porque otras «consortes» llegan, plenas de ambición, a llevarse el botín a manos llenas. En una simbiosis con el marido, que es el tonto de la película, o el que va a ir a la cárcel.

—◦—

En sus diarios, dados a conocer después de haberlos encontrado en una bodega, la fugitiva sin orden de aprehensión en su contra, Karime Duarte Tubilla, escribió que respecto al DIF de Veracruz lo que había que hacer era «exprimirlo».

En eso acabó una institución que surge para repartir apoyos con el rostro amable de la esposa, de la mujer del poderoso. En un tema que debe ser «exprimirlo». ¿Qué decía públicamente? Antes de ser la *first lady* declaró:

«Cuando yo era novia de Javier y vi que su actividad era la política, dije, bueno, voy a hacer mi tesis de licenciatura sobre el DIF. Entonces tengo estudiado el DIF desde la licenciatura, luego en la maestría, y luego en el doctorado, mis tres tesis han sido sobre asistencia social».[11]

El origen del DIF está en la esposa del presidente Emilio Portes Gil, Carmen García González, que fue la precursora del voluntariado social creando, en 1929, la Asociación Nacional de Protección a la Infancia.

En 1968, siendo presidente de la República Gustavo Díaz Ordaz, surge la Institución Mexicana de Asistencia a la Niñez, IMAN, que tenía como objetivo dar «apoyo» a niños huérfanos y con algunos problemas físicos.

Carmen López Portillo, en 1977, lo fusiona con el Instituto Nacional de Protección a la Infancia, INPI, con lo que surge el

---

[11] *Imagen del Golfo*, Coatzacoalcos. Entrevista de María Elvira Santamaría, 7 de julio de 2010.

Sistema Nacional para el Desarrollo Integral de la Familia, hoy conocido como DIF, que es un organismo público descentralizado con recursos y patrimonio propios. Así como personalidad jurídica propia.

Hasta la fecha no ha habido una auditoría, ni siquiera existe una manera de fiscalizar los recursos que en él se ejercen.

En el sexenio de Luis Echeverría Álvarez, su esposa, Esther Zuno, excepción en el tema de las consortes del poder, creó una gran red de voluntariado, obligando a todas las esposas de funcionarios públicos y gobernadores a, verdaderamente, trabajar. Se hizo llamar «compañera» en lugar primera dama.

Tal vez ha sido la única que ha entendido y ejercido el gran potencial político, así como social, de estas «instituciones».

En su libro *La suerte de la consorte*, Sara Sefchovich habla del gran impacto social que tuvo el estilo de la «compañera Esther»: «Por primera vez se hablaba de la mujer como compañera, como solidaria en el trabajo, con iniciativa, patriotismo y solidaridad».

María Esther Zuno obligó —esa es la palabra correcta, obligó— a las consortes del poder a dejar, literalmente hablando, sus alhajas en las cajas fuertes, a guardar en los armarios sus encajes bordados, sus abrigos de pieles y sus zapatos de tacón para ir a confrontar la realidad desoladora de los pobres.

Lo cierto —que el tiempo respeta— es que su estilo personal de trabajar, de viajar por todo el país, de vestirse con trajes folclóricos, será siempre un punto de contraste con la gran frivolidad de otras «primeras damas».

¿Fue eficiente? Inmensamente. En palabras de Luis Echeverría Álvarez: «[…] su capacidad de neutralización de los conflictos y de cooptación de los liderazgos sociales emergentes a niveles de las comunidades rurales y urbanas».

De muchas maneras esto, lo de neutralizar conflictos y cooptar liderazgos emergentes, fue encomendado en el sexenio de Carlos Salinas de Gortari al programa Solidaridad.

¿La presencia en los pueblos, en las ciudades, entre quienes menos tienen, de Angélica Rivera hubiese marcado una diferencia en la pérdida de popularidad de su marido?

Es muy tarde para responder. Ella eligió un papel indiferente y seguir siendo protagonista de portadas de revistas frívolas, que de cara al final del sexenio han destruido su futuro.

Lo que deja establecido el trabajo político —que aunque fuera social era eminentemente político y pactado desde la misma Presidencia de la República— de Esther Zuno de Echeverría, es que las consortes del poder pueden trabajar y dar resultados. Que está en ellas la decisión de hacerlo o meter las manos al erario.

—◦—

¿Cómo se explota una institución de asistencia social?

A la señora Angélica Rivera de Peña no se le ocurrió tal idea. Sabedora, tal vez, de que todos los negocios son para los «cuates», para la gente de Toluca, para el grupo compacto de su marido. Por eso, contra la costumbre, decidió no asumir el cargo de directora del Sistema Nacional para el Desarrollo Integral de la Familia. Cargo que todas las esposas de gobernador, y las anteriores esposas de presidentes de la República, habían desempeñado con gran «pasión». Aunque sí tomó posesión como presidenta del Consejo Consultivo Ciudadano del Sistema Nacional para el Desarrollo Integral de la Familia, DIF. O sea, cumplió con un requisito que sus dos antecesoras, Marta Sahagún de Fox y la señora Zedillo no habían formalizado. Creo que por razones muy distintas.

Martita, como sabemos, estaba muy ocupada «cogobernando» el país, así como en asuntos de toloache y demás brujerías. Por su parte, Nilda Patricia Zedillo desde la campaña había declarado que las mujeres quieren «trabajar» para no hacer la comida de los hijos y llevarlos a McDonald's.

Así, Angélica no metió las manos en el DIF. Ni de forma ni de fondo.

¿Fue porque no hay negocios disponibles?

Valga el ejemplo de los desayunos escolares.

Uno de los aspectos sociales del DIF reside en cuidar de la alimentación de los niños que van a la escuela sin alimento, y por eso no pueden estudiar. Esta idea, la de los «desayunos escolares gratuitos», viene del DIF, que entonces no se llamaba así sino INPI, bajo el mando de la *first lady* que era esposa de Gustavo Díaz Ordaz, doña Lupita.

La tradición mandaba que en cada informe presidencial hubiese un apartado para «dar a conocer» el número de desayunos gratuitos que se habían repartido en el año.

Esto de los desayunos escolares es, también, un negocio. Una concesión que deja mucho margen para ganancias.

Durante los primeros cuatro años de gobierno de Enrique Peña Nieto, el DIF estuvo en manos de Laura Vargas, esposa del secretario de Gobernación, Miguel Ángel Osorio Chong. A principios de 2017 hubo un cambio. En su lugar llegó su tocaya, también Laura, de apellidos Barrera Fortoul, miembro insigne del grupo compacto que viene desde Toluca con Peña, y quien ya había sido directora del DIF del Estado de México, cuando se quedó viudo el ahora mandatario.

También estuvo en Turismo y fue diputada. Pero lo más importante es que está casada con Luis Macisse quien, junto con su hermano, tiene 29 empresas. Una de ellas es la que tiene la concesión de los desayunos escolares gratuitos.

O sea.

Hay que asumir que Enrique Peña Nieto es muy amigo de sus amigos.

Con esto de los desayunos escolares que distribuye el DIF nacional se debe ganar mucho dinero. ¿Hay algún problema con el hecho de que su esposa sea la responsable de esa institución? Por lo visto, al menos en la forma en que el presidente Peña entiende el poder, no. Ninguno. Todo se vale con los cuates.

Por cierto, estos señores del Estado de México también tenían la concesión de los desayunos gratuitos en el DIF de Karime Macías, en Veracruz, donde se quejaron de que les quedaron a deber.

¿Por qué a Angélica Rivera no se le ocurrió, en este esfuerzo de «renacimiento» público, regresar a asumir el cargo que era suyo? Lo ignoro. Puede ser que no le caigan bien las esposas de los gobernadores, o que no le gusten los niños o los viejitos… pero en sus nuevas giras, paradójicamemte es lo que está haciendo.

¿Por qué no fue al evento de la Colecta de la Cruz Roja Mexicana a principios de 2017, una institución querida por todos? De la que, además, fue presidenta honoraria en el Estado de México, una vez casada por la Iglesia con el entonces gobernador.

Tal vez la señora Peña oscila entre irse a su departamento de Miami a encerrarse lejos de la realidad mexicana, o ir a Los Ángeles de compras, o a Europa de vacaciones, o volverse otra vez popular a partir de los espacios de poder que le otorgan en Los Pinos, un esfuerzo que se antoja inmenso. No es, definitivamente, como aprenderse los diálogos de una telenovela.

Me queda muy claro que no es feliz. Que el dinero no la ha hecho feliz en lo absoluto. Que sabe que no puede competir… Sobre todo no puede competir con el golf que lleva cada fin de semana a su marido a diversas partes del país, o a su casa de Ixtapan, en el Club de Golf de esa población, con su compadre Luis Miranda u otros cuates… juego de hombres, donde, obviamente, al terminar, debe haber lo que suelen llamar «viejas».

Entre el golf y las actividades oficiales está bastante hecha a un lado. La vida que lleva no debe ser como la imaginó. Y ni siquiera tiene su casa, su mansión, su casa en Las Lomas, su Casa Blanca, que ella misma se había «comprado».

No ha exprimido al DIF ni a ninguna otra dependencia del gobierno de la República. No lo ha hecho para «dejar huella», para significarse, para conseguir el cariño de la gente. Y tampoco, en definitiva, para tener su propio espacio de poder.

Entonces, hay que preguntarnos: ¿a la *first lady* que tenemos, a doña Angélica, le interesa el poder? Es pregunta. Porque no lo parece. Le gusta codearse con los poderosos, como sucedió con el presidente francés en la gira oficial, cuando Peña no quería ni tomarla de la mano para las fotografías. Le gusta aparecer en las revistas del corazón. Le gusta sentir que es «deseada», y como todas las mujeres que se acercan a la cincuentena, debe estar preocupada por la gran competencia de mujeres más jóvenes, más bellas, con mejores cuerpos.

¿El poder de la consorte? ¿Qué será eso para Angélica? Los negocios, el dinero, no son necesariamente expresiones de poder. A nadie se le ha ocurrido pensar que ella sea la «inteligencia» detrás de las decisiones presidenciales. O que puede poner o quitar a funcionarios. Eso le corresponde a Luis Videgaray.

Ella, insisto, parece ser totalmente irrelevante.

Y en cuanto al dinero. Da igual si tiene miles de millones de pesos… no los puede gastar a gusto. La persigue el escrutinio público. Y esto, los millones de ojos que están pendientes de lo que gasta, de los impuestos de sus departamentos de Miami, de la ropa que usa, de sus peinados, de su maquillista, no deben serle muy gratos.

Es más, mucho más, lo que ha perdido Angélica Rivera en este sexenio que el mucho dinero que pueda haber acumulado. Será señalada el resto de sus días por la opinión pública. No tiene activos políticos o públicos y los de actriz ya los perdió. Ni siquiera va a poder entrar en paz a un restaurante o a una tienda departamental; perdió su intimidad y ganó una infinita animadversión social.

Lo que le haya pagado esto, si es que le pagó, fue muy poco. Y, si fue en dinero, todavía menos.

—◦—

«La esposa también cuenta», decía Karime Macías de Duarte en una entrevista cuando su esposo era candidato a gobernador de Veracruz. En ella también daba a conocer: «...ya en la alcoba, mi marido llega tan cansado, tan tarde, que lo que trato es que esté tranquilo, que logre descansar un par de horas. Si me pide mi opinión en algún tema, trato de estar enterada, trato siempre de ser prudente y de que sea una opinión donde se encuentre el ganar ganar».[12]

—◦—

¿Qué hacen las primeras damas mexicanas, tanto en la Presidencia como en los gobiernos locales? Lo que les da su reverenda gana.

No hay una legislación al respecto.

Pueden aceptar donaciones y regalos sin límite. Pueden utilizar dinero del erario público hasta para comprar zapatos. No tienen límite en cuanto a vehículos o escoltas, los que quieran o necesiten. Pueden tener todos los ayudantes que decidan tener, hombres o mujeres. Pueden viajar adonde quieran en aviones privados.

Hasta hace muy poco tiempo el escrutinio social sobre la vida de las mujeres de los poderosos era mínimo. Como si fuesen un adorno, lo que provocaban era anecdótico en referencia a su buen o mal gusto en el vestir, a sus «excesos», reales o supuestos, a sus amantes, a si bebían mucho, u otros temas igual de insignificantes.

Tienen, mayoritariamente en el DIF, cargos «voluntarios» de asistencia social que son pretexto para cualquier cantidad de temas, incluso culturales o del ámbito de vivienda, de apoyos para el campo.

---

[12] *Imagen del Golfo* de Coatzacoalcos. Entrevista de María Elvira Santamaría, 7 de julio de 2010.

El límite, en los hechos, lo marca su marido. Y, en definitiva, su ambición.

¿Qué queremos los mexicanos? Esa es la pregunta. Porque la actuación, presuntamente corrupta, de muchas mujeres consortes del poder es pública. Y no lo hemos querido ver. En el caso de Karime Macías de Duarte, todos los veracruzanos supieron que intervenía en todas —todas, que son todas— las decisiones públicas, de poder, de gobierno, de su marido Javier. Y estas, lo sabemos hoy, estuvieron dictadas por la ambición, por las comisiones, por los negocios del poder y por el poder público.

¿Es la única? No, para nada. Abundan las consortes del poder que se pegan a la ubre del presupuesto público con menos pudor que muchos funcionarios públicos.

En estas páginas encontramos varias, igual de notorias en sus expresiones de poder y/o de corrupción. En sus conductas no se tipifica delito alguno. Y su comportamiento, los negocios, el nepotismo muy evidente de varias de ellas, no ha sido objeto de atención por parte de las autoridades. Para la sociedad, que las sufre, parece ser un tema anecdótico, sin trascendencia, algo más a padecer de los políticos en el poder.

En el sexenio de José López Portillo se «ordenó» que la primera dama tuviese «protección» del Estado Mayor Presidencial.

Decisión gestada en temas muy personales. Y que pudo darse por la intimidad, la relación de amistad, que tenía el presidente con el jefe del Estado Mayor Presidencial, general Miguel Ángel Godínez Bravo.

En realidad, el trasfondo de esta decisión eran los problemas maritales de la pareja, el enojo constante de Carmen Romano por las infidelidades, públicas, ostentosas, al grado de que cada noche había una «mujer» dispuesta a tener relaciones con el primer mandatario en las oficinas del mismo Estado Mayor Presidencial, por si…

Por si esa noche —todas las pasaba en la residencia de Los Pinos, era excepcional que durmiera en alguna ciudad de provincia—, don José no tenía «compañía».

Así desfilaron célebres artistas de la época.

El jefe de la «seguridad» y logística de la primera dama tenía, también, la obligación de cuidar su estado de ánimo para que no provocase ruido con su marido. Esto incluía cuidar de sus caprichos alimentarios y otras excentricidades que han sido muy señaladas con el paso de los años.

Lo cierto, hay que admitirlo, que una mujer inteligente, sensible, con cultura, abandonada por su pareja sentimental, se vio rodeada de militares dispuestos a adelantarse a cualquier pensamiento, incluso a los inexistentes.

Así, ellos, los militares, crearon un monstruo. Por orden presidencial. Por decisión de su jefe directo, el general Godínez. Fueron ellos, también, quienes cometieron arbitrariedades contra la ciudadanía, como parar a comensales de restaurantes o de eventos en el Palacio de Bellas Artes.

Era famoso que la señora Romano de López Portillo comía tarde, y que en las ciudades del extranjero adonde viajaba por temas culturales, que tienen horarios muy estrictos para la comida del mediodía, ellos, los militares, acudían a los restaurantes para pagar a los cocineros y meseros, a todo el personal, para que pudiesen servirle sus alimentos en su horario.

También era conocida su afición por tocar el piano en las noches… a imaginar la soledad infinita de esta mujer todavía bella. Y, en consecuencia, ordenaban arrastrar un piano de cola, o «volarlo» por la ventana, para que en cualquier cuarto de hotel donde se alojara pudiera hacerlo.

Durante los preparativos de la visita oficial de López Portillo a Francia, escuché las discusiones entre las autoridades francesas y el responsable militar de la visita, por cambiar la cama individual y los colores amarillos del cuarto de la señora López Portillo en la Residencia Oficial de Visitantes, donde sería alojada junto a la comitiva oficial. También acompañé los cruces aduanales en aeropuertos con los portafolios llenos de billetes que llevaban para pagar los gastos de estas giras. Y vi el piano en su habitación del hotel de París, Plaza Athénée, que costaba casi mil dólares. Así como, sobre una pequeña mesa, la caja de *corn flakes* mexicanos que esperaba para el desayuno.

Y así podemos enumerar al infinito la liturgia del poder presidencial alrededor de la *first lady*: sus perros en el avión oficial, la nevera con paletas de La Michoacana, las jornadas agotadoras de compras, la costurera-peinadora que la acompañaba, los cuartos de residencias oficiales que eran desmantelados para ser redecorados a «gusto» de doña Carmen.

¿Es que ella lo pedía? No me lo parece. Tampoco me consta.

Yo vi muchos de esos excesos. Conocí de forma muy cercana a los responsables. Escuché innumerables veces las preocupaciones del general Miguel Ángel Godínez… eran ellos los que tenían la consigna de «mantenerla contenta» a cualquier costo. Era un tema sobreentendido —disciplina castrense— como indispensable para la salud emocional de la República, encarnada en el comandante supremo de las fuerzas armadas. Que incluía compra de ramos de flores el día de las madres, con tarjetas imaginarias.

Doña Carmen, no se le reconoce, trabajó mucho en la difusión cultural. Haciendo a un lado el DIF, sin desatenderlo, ya que era tema político obligado, se dedicó a lo que sabía hacer, a lo que le gustaba: la cultura, la difusión artística.

Así creó el Fonapas, con el objetivo de la promoción y la difusión de la cultura.

Fue el primer organismo oficial, simiente de lo que hoy es la Secretaría de Cultura.

Dio un gran impulso al Festival Cervantino al convertirlo en internacional y conseguir presupuesto oficial para traer como invitados a grandes artistas. Promocionó la creación de orquestas (había sido concertista), entre ellas la Orquesta

Filarmónica de la Ciudad de México. Fundó una escuela de música: la Escuela de Música Vida y Movimiento, a la que se le construyó un edificio y una sala de conciertos. Organizó el Premio Literario Ollin Yoliztli para escritores de habla hispana, dotado con un premio de 100,000 dólares y que fue el más importante de ese tiempo.

Presidió el Comité del Centro de Convenciones y Espectáculos de Acapulco, al que le dio resonancia mundial con los artistas invitados.

En sus discursos oficiales destacaba que la cultura era lo que definía el sentido nacionalista de los mexicanos. Y su afán por utilizar sus espacios de poder para «cambiar la imagen de México en el extranjero».

Si se analizan con objetividad sus actividades como *first lady*, como hace la escritora Sara Sefchovich en su libro, *La suerte de la consorte*, Carmen Romano de López Portillo utilizó, como Esther Zuno de Echeverría, su circunstancia para transformar la realidad mexicana de la manera que le era más cercana, donde pudo moverse con mayor libertad.

Cada una de ellas, con su estilo, una con los trajes regionales, otra con vestidos de diseñador, maquillaje y peinado exagerados, alhajas ostentosas, lograron romper el círculo vicioso de su realidad y utilizaron el poder que tomaron, que tenían, que supieron crear, para asuntos importantes para millones de mexicanos.

Es decir —sin miedo a escucharme como expresión de discurso oficial—, ambas supieron trascender.

Y esto no lo borra ni la maledicencia ni el olvido: ahí está lo que hicieron.

―⁓―

¿Hubiésemos querido que la señora Rivera de Peña Nieto hiciera escuelas de actuación?

El dilema no es —no solamente— cómo *exprimir* al DIF, como sentenciara Karime Macías de Duarte.

Quien, no hay que olvidar, había hecho sus tesis de licenciatura, de maestría y de doctorado sobre el tema. Así que no puede hablarse de ignorancia, sino de ambición y falta de escrúpulos.

A partir del sexenio de José López Portillo, los mexicanos pagamos a militares altamente capacitados para cargar la bolsa de la esposa del primer mandatario, para acompañarla de compras, para esperar a la puerta de su ginecólogo, para reservar hoteles en el extranjero, para cuidar de su seguridad... no vaya a ser la de malas. ¿Cuántos, en 2017, de los 914 integrantes del Estado Mayor Presidencial están «comisionados» a estas labores?

Es legal. Es algo aceptado por nuestros diputados y senadores como «natural». Únicamente Andrés Manuel López Obrador ha hablado de desaparecer el Estado Mayor Presidencial, y obviamente la costumbre de dotar de «ayudantes» militares a las esposas.

¡Si yo pudiera contar lo que escuché de quienes, de uniforme, acompañaron a otras primeras damas...!

Otras *first ladies,* como Paloma Cordero de la Madrid, hicieron un apostolado de la discreción. A lo que debe agregarse una verdadera convicción de que debían cuidarse los centavos. Tanto que se llevaron sus muebles de la casa de Coyoacán, adonde regresarían a vivir, a Los Pinos. Una de sus metas, como dijo al tomar posesión del DIF, fue «mantener a las familias bien integradas». Tal como ella tenía a la suya, con cinco hijos a quienes no les permitió ostentación alguna ni usufructo del poder.

Con una disminución de su presupuesto, bajo el rubro de «asistencia social» la señora De la Madrid aumentó los programas bajo su responsabilidad, al agregar temas como el cuidado de niños maltratados y la atención a la farmacodependencia.

Nunca cambió de peinadora, nunca utilizó trajes de modistos extranjeros, nunca dejó de pedir el cambio y hacer cuentas sobre el gasto, igual en Los Pinos que antes y después de la presidencia en su casa de Coyoacán.

Tal vez por eso hasta su muerte tuvo el respeto de todas las personas que se llegaron a encontrar con ella en ese barrio de la Ciudad de México. Pero también, esta discreción puede ser responsable de que no haya conciencia sobre los programas sociales que encabezó con éxito.

La esposa de Miguel de la Madrid tuvo una discreta escolta del Estado Mayor Presidencial, como ya era disposición oficial. No se le conoció un desplante, ni en público ni en privado.

———

Su sucesora, la señora Cecilia Ocelli de Salinas, fue igual de discreta. Suave, con una inmensa sencillez en todos los ámbitos. Discreta hasta para no parpadear frente a la muy publicitada relación de su marido con quien se convertiría en su segunda esposa.

Según dice Sara Sefchovich en su libro, fue hasta que faltaban pocos días para que su marido fuese ungido como primer mandatario que se enteró de sus próximas responsabilidades: «La señora Paloma me llamó a una reunión en Los Pinos con los directores del DIF y del Voluntariado, quienes me explicaron todo. Luego yo me puse a estudiar…».

No hablaron, quiero creer, de cómo «exprimir al DIF».

En ese tiempo surgen programas sociales muy importantes, que fueron el eje central del gobierno de Salinas de Gortari, lo que colocó en un segundo término al DIF. Para decirlo de una manera amable. A su cargo siguieron programas importantes, como los desayunos escolares y otros, entre ellos el de la atención integral a los adolescentes.

Ya no fueron tiempos de hacer política social desde el DIF. La discreción en todos los ámbitos. Tanto así que en el agradecimiento público de su marido —tal vez ya no lo era— en el Sexto Informe de Gobierno, no la mencionó por su nombre.

La señora Cecilia Ocelli trabajó con la iniciativa privada para crear el Papalote Museo del Niño, que sigue siendo único en su género y visitado por niños de todo el país. No ha cambiado. Sigue siendo amable y cálida, sencilla, con pocas apariciones públicas. Supongo —me gustaría pensarlo así— que supo construirse una vida propia y así la vive hoy.

Durante la campaña presidencial, la esposa del candidato Zedillo, de quien se había publicado el fracaso de la constructora familiar y sus presuntos fraudes en Chiapas y Veracruz, hizo una declaración lapidaria: «Muchas mujeres trabajan solo para gastar el dinero que ganan en medias y en combis. Nunca están en sus casas… y cuando llegan se llevan a sus hijos a comer a McDonald's».

Esto fue, sigue siendo, un inmenso agravio para las mujeres que trabajan. Por necesidad y/o vocación. Para quienes sostienen a la mayoría de los hogares mexicanos.

En esos días no había redes sociales, pero lo que publiqué en *Ovaciones*, excepción de la línea oficial, cuestionando severamente sus palabras, se reprodujo por fax y se repartió en muchas oficinas públicas. Hizo mucho ruido. Fue tan negativo el impacto que no volvió a dar, ni en la campaña ni los seis años del gobierno de su marido, otra entrevista, ni a hacer declaraciones.

Tampoco sonrió nunca, lo que se convirtió en una especie de señalamiento burlón.

Antes de esas declaraciones, Nilda Patricia había dicho que se quedaba en casa para que su marido no estuviese intranquilo con su ausencia…

¿Qué se podía esperar de una mujer que pensaba —realmente estaba convencida— que las mujeres no debían trabajar, y que la peor ofensa era usar medias? Ya no se diga lo de McDonald's, que definía su gran ignorancia sobre el tema del ingreso familiar.

¿Qué hizo en el DIF con ese criterio?

Aprovechando que se había reducido el presupuesto de asistencia social a su mínima expresión, simplemente no hizo nada. Desapareció el Voluntariado Nacional. Tal vez pervivieron los desayunos escolares, aunque con quejas por su mala calidad.

Lo más destacado de su paso por Los Pinos fue el nacimiento que ponía, con miles de figuras, cada diciembre.

Su familia fue asociada con el crimen organizado en Colima. Se dijo —véase mi libro *Mis generales* (Planeta, 2012)— que la investigación que hiciera el general Jesús Gutiérrez Rebollo sobre esto fue lo que ocasionó su persecución y encarcelamiento.

~~~

Martita Sahagún no llegó a Los Pinos como primera dama sino como jefa de prensa del que era su amante y sería su marido.

De ella se recuerda el toloache que se decía que le daba a Vicente Fox. Y las cuentas desorbitadas, con un valor del dólar irrisorio si se compara con el actual, de su vestuario. Así como las famosas sábanas de 4,000 pesos, mucho dinero entonces. Ocupó la Casa Lázaro Cárdenas de Los Pinos para su inmensa oficina, llena de asistentes. Como después haría la esposa de Enrique Peña Nieto, decidió no dirigir el DIF. Ella tenía, tuvo, *un país para exprimir…*

Fue una especie de vicepresidenta de la República con poderes plenipotenciarios. Se sentía la reencarnación de Evita

Perón… Por eso creó la fundación Vamos México, en la que manejaba recursos oficiales sin ningún control. Asombrosamente, fenómeno singular, llegó a tener más de 55 por ciento de «reconocimiento», o si se prefiere, de «popularidad», a finales del sexenio que encabezó su marido.

Por si alguna persona tenía dudas, a Martita le gustaba repetir que con Fox «Por supuesto que opino». Algunos funcionarios de primer nivel preferían acordar con ella que con el presidente, quien declaraba que ellos, Marta y él, eran la «pareja presidencial».

Ella se concretaba a decir que su papel era «más activo» que el de sus antecesoras.

Intentó evitar la publicación del libro de Olga Wormat con una demanda; mandó escribir otro que sentenciaba «el dulce asalto al poder», y tuvo que leer el libro que escribió, también sobre ella, Rafael Loret de Mola, así como los que publicaron Guadalupe Loaeza y la propia Sara Sefchovich. Fue muy criticada, pero, sobre todo, muy parodiada.

«Voy a hacer política», repetía a quien le preguntaba. Quería ser la sucesora de Vicente Fox, y cuando no pudo intentó imponer a Santiago Creel como candidato del PAN, pero tampoco pudo. Lo que sí hizo, a diferencia de Karime Macías, fue hacerse varias cirugías plásticas para intentar aferrarse a su «juventud».

Y anular su primer matrimonio religioso, incluso con la oposición del que fue padre de sus hijos. A destiempo, pero lo logró, para intentar borrar la afrenta de quedarse sin el saludo del Papa en una gira oficial.

Sin embargo, todo terminó cuando acabó el sexenio. Ahora siguen las cirugías plásticas, vive en Guanajuato administrando el hotel del Centro Fox y, quiero suponer, recordando cómo fue el poder. Sigue casada con Vicente. Y con el cabello cada día más corto, con las cejas más levantadas y la expresión pasmada, a principios de 2017 admitió haber cumplido 64 años.

Hubo muchas denuncias públicas sobre los negocios que hicieron sus hijos. Ninguna tuvo seguimiento. ¿Impunidad o simple utilización del poder?

¿Fue Martita una mujer odiada o, por su sobreexposición mediática, por su aventura extramarital que terminó en boda, por su ejercicio ostentoso del poder, se convirtió en una mujer admirada por muchas mujeres mexicanas que la veían como reivindicadora?

¿Se robó dinero? Diría que lo utilizó como quiso para lo que le dio su reverenda gana, con total impunidad.

⁓

¿Qué hacemos con el rebozo?

Margarita Zavala de Calderón quiso evidenciar su estilo al vestir usando, siempre, un rebozo. Que, paradójicamente, se atravesaba entre la mirada de la gente y la persona. Como la cobija protectora de Linus, en la serie cómica de *Snoopy*.

Parecía ir agarrada de él para no volar, para no irse a otro lado. A ratos se veía tan forzada, tan incómoda. Llegaba al Auditorio Nacional cuando ya las luces se habían apagado, sonreía tímidamente cuando debía contestar el saludo.

Las veces que fui a Los Pinos supe que estaba ahí, cerca.

Así era como la percibía el entorno de poder del presidente: cercana, silente, aparte, presente, en la sombra, pendiente.

Fue, en definitiva, una primera dama de libro de texto gratuito. Es decir, obligatorio y exacto, con toda la información, con todo el concepto volcado sobre su persona. Aceptó el papel y lo desempeñó con recato, con soltura.

Lo que más me gustaba eran las noches del 15 de septiembre en Palacio Nacional. La manera en que logró Margarita hacer una fiesta popular-familiar en ese espacio. Cómo eran ocasiones festivas y sencillas donde nadie traía puestas etiquetas de ningún tipo, todos éramos tan iguales como pueden ser los amigos.

No hubo, hay que agradecer, un detalle fuera de lugar. Nunca un exceso. Nunca un tropezón en la puesta en escena. Se aprendió, con talento, su papel. Y ni siquiera hizo un gesto de disgusto.

A su manera. Con el rebozo. A la distancia. Sabiendo que le había tocado posponerse.

Ahora es diferente. Aunque, a veces, también usa el rebozo.

⌒⌒

Siguiendo la «costumbre» de dotar de elementos de seguridad a las mujeres, que está bien vista por los hombres del poder, los secretarios del gabinete presidencial tienen escolta militar, y sus esposas también. En todas las entidades federativas el gobernador ordena una «escolta» para su esposa, a veces integrada por más de 50 elementos policiacos. Así, tenemos asesinatos de periodistas y defensores de derechos humanos que pudieron evitarse de haber contado con protección oficial… la que ostentosamente se destina a las *consortes del poder*.

A lo inmoral de proporcionar esta protección militar a las esposas, *a priori* hay que agregar el gasto. Pagado de nuestros impuestos. Valga un ejemplo: los oficiales del Estado Mayor Presidencial que acompañan a Angélica Rivera de Peña en sus frecuentes viajes a Miami, se hospedan, supongo que por razones logísticas, en el lujoso hotel Ritz Carlton, cuyos cuartos tienen un costo de 400 dólares por noche —la tarifa más económica—, más impuestos, claro. ¿Cuántos viajan? Los necesarios. Incluyendo a quienes manejan las lujosas camionetas en las que se desplaza.

¿Qué limita a las *first ladies* mexicanas? Aparentemente nada, quiero insistir en ello. Por lo menos no las leyes. Tal vez la opinión pública en alguna medida.

Preguntemos, por curiosidad, qué opinan los mexicanos de estas consortes del poder.

Las mujeres que no aparecen en las boletas electorales, pero que son también elegidas. Mujeres que dominan a sus maridos o son abandonadas por ellos. Mujeres de poder. Mujeres ambiciosas. Mujeres ladronas, corruptas, frívolas. Mujeres que mecen la cuna de la corrupción oficial. Mujeres víctimas de su destino.

Las *first ladies* mexicanas no son, por mucho, la mejor expresión de nuestro sistema político.

■ IA

«Exprimir al DIF de Veracruz»

Desde mi niñez, en la década de los 1960, el DIF de Veracruz atendía a la ciudadanía y a personas vulnerables en su viejo edificio ubicado en la calle de Miguel Alemán, en la capital de Veracruz. De ser una institución asistencial durante varias administraciones estatales, el DIF se convirtió en una plataforma política para las esposas de los gobernadores en turno, en una fuente para hacer negocios lucrativos con la compra de sillas de ruedas, andaderas, medicinas y la renta de espacios propiedad de la institución.

En el sexenio de Javier Duarte, 2010-2016, con la llegada de Karime como presidenta honoraria del DIF, la institución se mudó a las instalaciones del Museo del Transporte, ubicadas en la carretera Xalapa-Coatepec, y prácticamente destruyeron ese inmueble. Los nuevos inquilinos utilizaron el auditorio como oficinas y remataron al mejor postor los vehículos antiguos que estaban en exhibición, así como un avión y un tanque militares.

Las instalaciones se usaron como búnker para operar temas políticos y electorales; utilizaron a las personas vulnerables, adultos mayores y discapacitados, para acarreo en mítines políticos, y desviaron partidas presupuestales destinadas a la asistencia social para apoyar las campañas del PRI en Veracruz. Al término de esta administración, el DIF prácticamente se inmovilizó por la falta de recursos.

Las anomalías iniciaron en la institución asistencial con el incremento de la plantilla laboral, en donde sobresalían nombres como el de Brenda Tubilla Muñoz,[13] prima hermana de Karime, quien aparecía en el organigrama de la página oficial del DIF como directora de Eventos Especiales, y además era la encargada de los festivales en Veracruz: la Cumbre Tajín, las fiestas de la Candelaria en Tlacotalpan, los Festivales de la Salsa y el Carnaval de Veracruz. Brenda Tubilla impuso a sus empresas, siendo la más favorecida Nicho de la Música, que contrataba a artistas nacionales e internacionales y se encargaba de la logística y la organización de los eventos.

El DIF y la Secretaría de Turismo aceptaban propuestas de otras empresas del ramo artístico y de logística de eventos sociales para cumplir con las formalidades de las licitaciones; sin embargo, a pesar de que estas compañías ofrecían mejores precios, las empresas propiedad de Brenda Tubilla siempre obtenían los contratos. Fue ella, a través de sus empresas, la que organizó en 2014 los Juegos Centroamericanos y del Caribe. También se encargó de las celebraciones de las Fiestas Patrias y de los Informes de Gobierno. Nunca se objetaron los precios ni las comisiones que cobró.

Ángel Ortiz Romero, un contador de bajo perfil, entró a trabajar al DIF en 1998 como jefe de Adquisiciones; luego fue jefe del Departamento de Nómina y, durante la administración de Fidel Herrera, se convirtió en subdirector de Administración y Finanzas del DIF de Veracruz. Varios directores pasaron por la dependencia asistencial, pero Ortiz Romero permaneció

---

[13] http://claudiaguerrero.mx/

inamovible por ser el experto en blanquear los desvíos de recursos a las cuentas personales de las primeras damas estatales.

De simple contador público, Ortiz Romero en poco tiempo se convirtió en dueño de líneas de camiones, aseguradoras, propiedades en España, varios inmuebles en el Puerto de Veracruz y una residencia en el Fraccionamiento Costa de Oro, en Boca del Río, que fue construida en menos de un año y tiene un valor de 5 millones de pesos, que es donde vive actualmente. Además, posee otro inmueble en el exclusivo fraccionamiento El Estero, en Alvarado, Veracruz, y sus hijos estudian en Canadá, aunque asegura tenerlos becados. Cabe señalar que sus propiedades, bienes y cuentas bancarias están a nombre de su concubina, Emma Santa Paula, y del suegro, Manolo Santa Paula, con la ayuda de la empresa Seguros Santa Paula, que tiene sus oficinas en Plaza Mocambo, en Boca del Río.

Al inicio del sexenio de Javier Duarte, Juan Antonio Nemi Dib fue nombrado titular del DIF. Este aprovechó la confianza de Karime, ganada durante la campaña a la gubernatura, para operar posiciones políticas personales, con lo que inició el debilitamiento de las finanzas de la dependencia asistencial. Solo estuvo dos años en el puesto, pero en 2016 la Contraloría General de Veracruz dio a conocer que detectó varias irregularidades durante su gestión. Nemi Dib también es investigado por la Fiscalía de Veracruz y la PGR por su desempeño como secretario de Salud durante el periodo 2013-2014, por el tema de empresas fantasmas, medicinas clonadas y el suministro de quimioterapias hechas con sustancias falsas y placebos. A Nemi Dib lo sustituyó en el cargo Astrid Elías Mansur, quien rápidamente tomó el control de los negocios familiares de Karime, y permitió que Antonio Tarek Abdalá Saad se convirtiera, bajo prestanombres, en proveedor del DIF.

El hilo que condujo a Javier y Karime[14] fue la columna publicada en febrero de 2017 en varios medios de comunicación y portales de Internet de Veracruz, que presentó nuevos datos sobre los colaboradores de Karime y Javier Duarte en la creación de empresas fantasmas en el DIF.

Andrea Elías Mansur, encargada de la Casa Veracruz, lugar donde vivieron Javier Duarte y su familia durante el sexenio, era la responsable del pago a empleados, proveedores y manejaba las cuentas bancarias. Los viajes de placer y oficiales también eran controlados por Andrea. No era un secreto la relación cercana con Gabriel Alejandro Sánchez Domínguez, exdirector de Aeronáutica del estado, quien actualmente está siendo investigado por la Fiscalía General de Veracruz por malos manejos. Él era quien facilitaba las aeronaves para que Andrea viajara y cumpliera los encargos de Karime y Javier. A tal grado eran las excentricidades de la pareja estatal, que si tenían antojo de unas conocidas tortas de jamón de pierna ahumada de Córdoba, ciudad cafetalera en la zona centro de Veracruz, el helicóptero del gobierno del estado transportaba a la fiel asistente para conseguirlas y, rápidamente, traerla de vuelta para cumplir los caprichos de la pareja. El combustible y sueldo de los pilotos, así como el uso de la aeronave, eran con cargo a los veracruzanos. Andrea Elías Mansur es una de las responsables de sacar las pertenencias de la residencia oficial, Casa Veracruz, tras la salida de Javier Duarte, y de trasladarlas a la bodega donde se encontraron.

Astrid Elías Mansur, hermana de Andrea, tomó protesta como nueva directora del DIF de Veracruz y se integró como colaboradora en diciembre de 2012, siendo la segunda titular de ese organismo social, en sustitución de Juan Antonio Nemi Dib. Al final del mandato de Javier Duarte, en 2016, Astrid sería investigada por la Fiscalía General de Veracruz por desvío de recursos durante su administración, a petición de la Contraloría

---

[14] http://claudiaguerrero.mx/

General del Estado, al detectarse anomalías en el manejo de recursos públicos estatales.

En los últimos días del terrible sexenio de Duarte, en noviembre de 2016, empleados y asistentes de Casa Veracruz realizaron una manifestación afuera de la residencia oficial para exigir el pago atrasado de cuatro quincenas, aguinaldos y liquidaciones. Mientras tanto, Andrea Elías Mansur se casaba en la ciudad de Córdoba en una elegante ceremonia, a la que acudió la sociedad política veracruzana. Las hermanas Astrid y Andrea Elías Mansur cuentan con nacionalidad americana, pues su padre, ya fallecido, era estadounidense.

El DIF de Veracruz es, en el proyecto, una dependencia noble, dedicada a atender a personas vulnerables y proveer asistencia social. Pero, lamentablemente se ha usado para hacer negocios a costa de la pobreza y desgracia de los más desvalidos. Las hermanas Elías Mansur fueron las operadoras de empresas fantasmas con la autorización y complicidad de Karime.

Entre las empresas fantasmas dirigidas por las hermanas Elías Mansur destaca Abastecedora Romcru, SA de CV, que se benefició con contratos del DIF, Sedesol, Protección Civil y la Secretaría de Gobierno. En investigaciones periodísticas aparece como una de las empresas con otorgamiento de contratos de manera ilegal, violentando la normatividad de la Constitución Política de los Estados Unidos Mexicanos y la Ley de Adquisiciones, Arrendamientos, Administración y Enajenación de Bienes del Estado de Veracruz.

«Exprimir al DIF», se lee en una hoja escrita por Karime en uno de sus diarios personales que fueron hallados en la bodega de Córdoba. Mediante dicha frase, subliminalmente se autoordenaba acabar con la dependencia asistencial.

Al final de cuentas, ante una dependencia quebrada y con graves desvíos de recursos presupuestales para beneficio de la familia Tubilla, Karime, en verdad, exprimió al DIF de Veracruz.

■ CG

Capítulo 4

El presente es como debe ser.

Las empoderadas

En Tabasco existe un programa de radio que ha sido y es referente para muchas generaciones. Lo dirige Chuy Sibilla, el que, como su padre del mismo nombre hace años, es una voz presente cada día en todos los hogares. Escucharlo es un ejercicio que trasciende la comunicación, es una palabra que para la gente significa certeza.

Sibilla ha conservado esta extrema confiabilidad por, precisamente, no utilizar su espacio radiofónico para fines personales o de oportunismo político.

Por eso sorprendió mucho la carta que dirigió públicamente al gobernador del estado, el perredista Arturo Núñez, el 23 de mayo de 2016.

En ella le dice al gobernador, textualmente: «Arturo, muchos tabasqueños observan y comentan con escándalo cómo, desde diversas dependencias de tu gobierno, opera tu esposa, por quien no votamos, ejerciendo una poderosa influencia definitoria, no para bien».

La fuerza de estos planteamientos, bien fundamentados, dieron espacio público para discutir lo que era un asunto de corrillos políticos, de discusión de café: el poder que ejerce Martha Lilia López Aguilera, su esposa, apodada *la gobernadora*.

El año anterior, exactamente en junio de 2015, fueron los senadores priistas quienes pidieron a la Comisión Permanente un exhorto a la Fiscalía del Estado de Tabasco para «investigar a la ciudadana Martha Lilia López Aguilera por el posible delito de usurpación de atribuciones». Lo que, por supuesto, no llegó a constituirse en un acta de investigación y desapareció mágicamente de los medios locales y nacionales.

O sea, hasta los senadores piden al gobernador que le quite atribuciones, que disminuya el poder de su esposa...

Una mujer que cumplió 65 años con nuevo estiramiento de cara, con los mismos vestidos, «trajecitos» cortados por la costurera de la esquina, que es referencia obligada para explicar el desastre del gobierno que, legalmente, encabeza su marido. Aunque lo que se dice es que ella manda, ella impone, ella decide.

Fue —compartimos salón de clase— alumna del Colegio Tabasco de Niñas, situado enfrente de su casa; fuimos vecinas en la calle de Lino Merino. Ahí estuvimos cuando el gobernador Carlos Madrazo inauguró la pavimentación de nuestra calle.

Todos dicen, en Tabasco, que Núñez llegó tarde al gobierno, después de haber sido varias veces candidato. Que no tiene energía ni fuerza física para gobernar.

Lo cierto es que Martha Lilia es la figura central de poder.

━━◆━━

¿Por qué tantas mujeres eligen ser la sombra pública de un hombre durante muchos años para, en el momento en el que este llega al poder, convertirse en las «mandonas», en aquellos personajes odiados por el pueblo por ejercer el poder sin capacidad, sin resultados?

Porque el problema de estas mujeres, «las mandonas», no se concentra en el DIF ni en sus actividades sociales, sino en un ansia de poder extrema.

Ello, con la total complacencia de sus consortes, de sus maridos, que no escuchan las críticas ni se dan cuenta de los excesos y las torpezas cometidas por ellas. Tanto que Arturo Núñez, valga el ejemplo, ha subido a su Twitter: «Vivir con ella es el lujo más grande de mi vida».

El fenómeno de Martha Lilia, la *señora gobernadora,* como la llaman, comenzó en la campaña, en la más reciente campaña política de su marido, la única que ha ganado: «Gracias a Dios pude recorrer diez veces el estado, fue de una gran riqueza, creo que se me dio una gran oportunidad de poder llegar a ras de piso y convivir con la gente, escuchar de viva voz cuáles son sus problemas».

¿A qué suena este discurso?

De entrada, a que se lo cree. A que ella piensa que la elegida, la que hizo campaña, la que conoció las necesidades del pueblo, fue ella.

En el ámbito nacional este protagonismo del poder fue resumido por el columnista Ricardo Alemán[15] de la siguiente forma: «[...] la diferencia es que si ayer uno de los motores del mal gobierno en Tabasco se llamaba Fabiancito —hijo del gobernador Granier—, hoy el problema se llama "Marthita", Martha Lilia López Aguilera, esposa del gobernador Arturo Núñez, quien se asume como el verdadero poder tras el trono; que pone y quita funcionarios, encabeza reuniones de gabinete, decide giras de trabajo, controla medios, somete al Congreso local, dispone directamente del presupuesto estatal, hace negocios con sus parientes cercanos, y —por si fuera poco— ordena a todos en el gobierno que la llamen *gobernadora.* El escándalo es tal que en la calle motejan a la señora Martha Lilia como la otra Marta Sahagún... en Tabasco no manda Arturo Núñez sino Marthita. Fue nombrado como titular de la poderosa Secretaría de Administración, Amet Ramos Traconis, quien no solo es el principal colaborador de

---

[15] *El Universal,* «Itinerario Político», 23 de enero de 2014.

la señora Martha Lilia López Aguilera, sino primo de la señora *gobernadora*».

¿Sucedió algo después de esta publicación?

Nada, excepto los nombramientos del señor Amet Ramos y la señora *gobernadora,* quienes «impusieron» a todos los directores administrativos del gobierno.

Martha Lilia es, además, la responsable del DIF, espacio de poder que utiliza para aparecer en eventos sociales y le da una gran capacidad de lucimiento político. Ella decidió, a la manera de Karime Macías, «exprimir al DIF», convirtiéndolo en una secretaría de desarrollo social, al otorgarle autonomía el gobierno de su marido.

O sea, es un organismo autónomo que ejerce presupuesto sin rendir cuentas. Por cierto, cada desayuno escolar gratuito se factura a este DIF autónomo por 100 pesos. Que es casi el doble del gasto regular para las tres comidas de un interno en una cárcel: 55 pesos. Estos desayunos se estarían comprando, sin licitación de por medio, a una empresa, Hermanos Juárez, que tan solo en seis meses, de mayo a diciembre de 2013, facturó 102'766,000 pesos, según una denuncia de un diputado local que tampoco prosperó.

Desde el Congreso local, que aprobó la reforma para darle autonomía al DIF, los priistas se quejaron de que se estaba creando una supersecretaría para el proyecto político de la señora López Aguilera.

La pregunta es si lo tiene, o si su ambición mayor se ha realizado con ejercer el cogobierno, con ser *la gobernadora* porque el pueblo eligió a su marido.

La pareja, por cierto, tiene comisionados 63 policías estatales para su seguridad.

～～～

Karime no tenía diez ni doce ni veinte policías estatales cuidando su seguridad, sino los que ella decidía, como parte del poder que ejerció en el gobierno. La Secretaría de Seguridad Pública estatal estaba en sus manos. Cuando viajaba a la Ciudad de México, al salón de belleza o al dentista, ambos situados en la colonia Polanco, tres o cuatro camionetas y más de una docena de guardaespaldas hacían notoria su presencia.

—————

Otra confirmación de la total sumisión del gobernador de Tabasco a la gobernadora se dio en la inauguración de un Centro de Atención para Ciegos y Débiles Visuales, bautizado con el nombre de la madre del actual presidente municipal del Centro, Pachela Rovirosa de Guadiano, en mayo de 2016, donde aseguró: «La labor altruista que realiza todos los días la presidenta del Consejo Consultivo del DIF Tabasco es un trabajo sin precedente para con los más desvalidos, y lo va a seguir haciendo porque por eso estamos casados, somos uno solo…».

Lo que nos lleva directamente a las afirmaciones de Vicente Fox sobre la «pareja presidencial».

A todo esto, incluidos chismes que terminan por ser grandes verdades, hay que agregar la disminuida salud del gobernador, tal vez aferrado a permanecer en su encargo constitucional para que Martha Lilia pueda seguir ejerciendo el poder.

—————

Si los gobiernos estatales, o incluso el Ejecutivo Federal, mejorasen con la intervención directa de las «consortes del poder», tal vez no habría tantas quejas. Todo indica que, por el contrario, el ejercicio de la función pública empeora con su participación. Así como la inseguridad.

Tabasco es uno de los estados de la República más violentos, con mayor impunidad para los delitos y mayor número de secuestros.

Como mero ejemplo, cada día de 2016 fueron robados 13 establecimientos comerciales en Tabasco. La notoriedad de los secuestros es tan importante como el aumento que ha tenido este delito. Los tabasqueños ya no festejan bodas ahí, sino que viajan a Mérida, donde ha crecido una industria que incluye floristas y maquillistas en el paquete de la fiesta.

En promedio —que para algunos no refleja la realidad, que creen todavía peor—, en ese mismo año, 2016, se robaron nueve automóviles diarios. Según la encuesta del INEGI de finales del año pasado, Tabasco y el Estado de México son las entidades donde la gente siente más miedo. Y Núñez solamente dice que sí, que ha aumentado la delincuencia. Su respuesta es tan incongruente que da pena: en el presupuesto de 2017 la Fiscalía tiene una reducción de 30 por ciento. O sea, menos dinero para la seguridad.

¿Algún parecido con las declaraciones de Duarte?

❧

Martha Lilia, *la gobernadora* de Tabasco, estudió educación preescolar, o sea, es maestra. Aunque ella agrega a su biografía ser «tanatóloga», lo cual, honestamente, me sigue pareciendo un misterio. De acuerdo con la información que pude encontrar, para ser tanatólogo se estudia un diplomado de seis meses, sin ningún requisito de estudios previos, que permite que te conviertas en algo semejante a un «consejero espiritual» para asistir a personas cercanas a morir o a su familia.

La tanatología, hay que ponderar, es también una rama de la medicina que estudian, obviamente, los médicos. Y no es el caso.

¿Qué le significará a Martha Lilia esta «profesión»? ¿Habrá tenido oportunidad de ejercerla? ¿Es un adorno a su currículo?

En el DIF de Tabasco siguen teniendo como actividad prioritaria la entrega de juguetes a niños en festividades. Y la primera dama participa activamente en los eventos previos a la elección de la Flor más Bella del Estado, con las embajadoras de los 17 municipios. Martha Lilia nunca fue una de ellas, yo sí…

━━━

La cruz de su parroquia. Para otras esposas de gobernador, toda la parafernalia del poder que acompaña al tratamiento de «primera dama» es, desde el primer momento de la campaña política, cuesta arriba. Aunque en el fondo disfruten del poder. Y no les afecte la percepción de ser «el poder detrás del trono».

Así, la esposa del hoy gobernador de Guerrero, Héctor Astudillo, declaró que siempre pensó que Dios la quería mucho y por eso su marido no iba a ser gobernador. Y luego no le quedó de otra, aceptar su destino… o así decía, así se expresaba, como forzada.

Se llama Mercedes Calvo.

Es maestra de historia, también licenciada en Psicología y tiene un colegio privado, que fue su actividad empresarial antes de llegar a la Casa de Gobierno de Chilpancingo. El que no ha cerrado. Dice tener muchos años… pero cumplió 57. En cualquier entrevista saca a relucir, debe ser muy creyente, a Dios y su voluntad.

Conoce perfectamente el tema del DIF porque este estuvo a su cargo cuando su marido fue presidente municipal de Acapulco. Personaje de extraños matices, ya que antes de que su marido tomase posesión como gobernador viajó a Nueva York para asistir a una reunión para la paz, y declaró que es «un deber irrenunciable trabajar para la paz en Guerrero».

Lo que no parece tener buenos resultados.

De acuerdo con la revista *Proceso*,[16] el gobernador de Guerrero declaró ser pobre hasta decir basta; en toda su

---

[16] Revista *Proceso*, 23 de agosto de 2016.

trayectoria como servidor público solamente logró tener dos camionetas… y usadas. En cambio, su esposa, Mercedes, salió vivilla para la lana. En sus declaraciones aseveró tener 12 inmuebles, entre casas, departamentos y edificios, ubicados tanto en Guerrero como en la Ciudad de México.

Sus ingresos vienen de la escuela particular, Colegio México. Con ganancias anuales de 3'521,000 pesos, que parecerían no alcanzarle para tener tantas propiedades, incluido el departamento de lujo donde viven cuando están en Acapulco, ubicado en la Torre Costa Victoria, con una de las mejores vistas de la bahía de ese puerto. Tan solo el predial, el mantenimiento, jardineros…

En Guerrero deben saber que doña Mercedes es muy influyente en las decisiones de gobierno de su esposo, porque los militares le hacen presentaciones especiales. Como sucedió, el 27 de julio de 2016, en el Sexto Batallón de Ingenieros en Combate, cuando le presentaron, encabezados por el general de división DEM Alejandro Saavedra, comandante de la IX Región Militar, el Plan DN-III a ella sola.

Otra vez, en Guerrero, enfrentamos la «coincidencia» de que una esposa de gobernador «empoderada» tiene cifras de vergüenza en cuanto a violencia e inseguridad. Valga un solo número: durante los primeros cuatro meses de 2017 hubo 760 ejecutados en esa entidad.

Así como pateando una lata de cerveza por la calle, encomendándose a Dios y sonriendo para la foto, la esposa de Astudillo no canta mal las rancheras en esto del empoderamiento…

⚊⚊⚊

Llegar al poder desde el poder.

Son muy pocas las consortes del poder, las esposas, las apodadas «gobernadoras» que quieren llegar, por ellas mismas, al poder.

¿Al utilizar el dinero público una mujer, la mujer del poderoso, se convierte en poderosa? Eso debe haber pensado Karime.

Angélica Rivera ha estado en la cima del escándalo casi todo el sexenio presidencial de su marido, Enrique Peña Nieto.

Brenda Ruacho Bernal es la esposa del gobernador de Baja California Norte, Francisco Kiko Vega de Lamadrid.

Elena Cepeda no es la clásica esposa de gobernador. Cogobierna, como se asume en todos los ámbitos de Morelos, y defiende a gritos a su marido.

La bodega de los Duarte resultó una especie de museo de las excentricidades.

Margarita Zavala, en compañía de Martha Érika Alonso de Moreno Valle.

©Cuartoscuro/ Francisco Guasco

Nada como el poder que ejerce en Tabasco Martha Lilia López Aguilera, la esposa de Arturo Núñez, apodada la gobernadora.

Por si alguna persona tenía dudas, a Martita le gustaba repetir que con Fox: «Por supuesto que opino».

Uno de los pocos casos se dio en Tlaxcala, donde la esposa del gobernador Alfonso Sánchez Anaya, Maricarmen Ramírez, se convirtió en senadora y luego en candidata, perdedora, a sucederlo.

Con Margarita Zavala de Calderón sucede un fenómeno parecido pero singular.

Porque ella era política, había sido diputada, era una activista importante de su partido, Acción Nacional, antes de convertirse en primera dama.

Y como política vivió en Los Pinos, desenvolviéndose con gran discreción, con un perfil muy bajo como «primera dama». Nadie podría acusarla de haber utilizado el poder presidencial para sus aspiraciones, pero hoy por hoy su mayor impedimento es, justamente, haber compartido el poder.

O, por lo menos, haber estado tan cerca del poder presidencial.

En su etapa en Los Pinos Marta Sahagún declaró: «El poder, el empoderamiento personal, es una necesidad para el ser humano».

Ahora, también hablando de panistas, está el fenómeno de Martha Érika Alonso de Moreno Valle, que pretende ser candidata a gobernadora de Puebla, después de haber sido *first lady* con su marido, Rafael Moreno Valle, hoy precandidato presidencial.

Asombran los estudios de la señora, ya vimos que no es común entre las consortes del poder tener maestrías y doctorados, excepto Karime. Ella viene, también, de la Universidad Iberoamericana; es liceciada en diseño gráfico. Después estudió una maestría en Comunicación Pública y varios diplomados en *marketing*. Aunque esto de la «comunicación» no le ha ayudado a tener más seguidores en Twitter: apenas tiene 7,963, pocos para aspirar a ser candidata. Muy pocos para ser la esposa del aspirante presidencial.

Doña Martha Érika sí que «exprimió al DIF», ya que tuvo un presupuesto de 3,569 millones de pesos en el tiempo en que lo presidió, pues el último año de gobierno de su marido abandono estas actividades de *first lady* para convertirse en la dirigente del PAN en Puebla.

La señora no era panista antes de casarse, ni tuvo actividad política alguna hasta convertirse en esposa del gobernador; se afilió al PAN en 2009. En una entrevista cuando su esposo era candidato al gobierno de Puebla, después de renunciar al PRI, afirmó que él la había ayudado mucho a crecer como mujer.

Concepto que es una esmerada síntesis de lo que deben pensar muchas «consortes del poder», y que incluye el «agradecimiento» al marido.

¿Qué fue para ella «crecer» como mujer, aparte de afiliarse al PAN?

En una entrevista concedida a Vicky Fuentes en diciembre de 2015, habla de su afición por los caballos, de haberse dedicado a montar durante 14 años —otra vez la coincidencia con Karime—, de tener muchas figuras de caballos en su oficina, y de no contar con tiempo para ella, de que un domingo de descanso es para «hacer las cosas de la casa, como guardar la ropa». Ahí se ve todavía titubeante, no utiliza el color azul, lleva un segundo arete en una oreja.

Una mujer rubia, simple, que trata de sonreír. No es una imagen de mujer «empoderada», como les gusta llamarse. Y menos, todavía, de la líder de un partido político o de la aspirante a gobernadora.

En la fotografía de su toma de posesión como dirigente del PAN se ve, francamente, asustada. Con un vestido azul, muy fajada, alaciado el pelo, no parece disfrutar el momento, al contrario.

¿Quiere, realmente, ser gobernadora Martha Érika? ¿O le gustaría más poder montar a caballo, como a Karime? ¿El reto de saltar 1.60 metros es mejor, más atractivo, que ser candidata?

La diferencia con Margarita Zavala es la vocación política. En su caso, lo que se advierte es una ausencia de esta pasión por el poder, por la política, por las luces.

En su Quinto Informe del DIF, y despedida, su discurso abunda en los mismos lugares comunes, la misma repetición de impulsos a la integración familiar y al desarrollo de la mujer, el crecimiento en el número de desayunos escolares, que ya sabemos que es una «prioridad» de «primeras damas». Nada excepcional. Ni siquiera se cambió el peinado en esos cinco años.

Llama la atención que no tenga hijos. Al menos despierta curiosidad cómo lleva, en su intimidad, esta diferencia del «modelo» de pareja política que conocemos.

———

Un caso distinto es el de Carolina Viggiano que, aunque muchos coahuilenses no lo crean, sí es la presidente honoraria del consejo consultivo del DIF de Coahuila.

Política de larga historia en Hidalgo, de donde es oriunda, funcionaria pública hoy al frente del Conafe, Carolina es la consorte del poder que tiene mayor historia personal y política, en el país. Era diputada cuando se casó con Rubén Moreira antes de ser gobernador.

¿Qué ha hecho en el DIF? ¿Ha ejercido como la *first lady* del Estado? ¿Es una presencia constante en el entorno del gobernador?

Carolina Viggiano parece ser una mujer determinada, libre, que va por su camino. Ella hace dieta, creo que es hasta vegetariana, y su esposo engorda y vuelve a engordar pese a sus esfuerzos.

¿Es posible que existan matrimonios así?

¿Un gobernador puede entender esta libertad? Tal vez ayudó que Rubén solía tener muchas novias al mismo tiempo. Y que llevaba años divorciado cuando se casó con Carolina, que a su vez ya había estado casada.

¿Comparten el domicilio? ¿Tienen encuentros amorosos en su tiempo libre?

Su página de Twitter nos demuestra que no quiere estar inserta en el tema de Coahuila y/o de Rubén Moreira. Todas las fotografías ahí exhibidas corresponden a sus ambiciones políticas, rodeada de electores hidalguenses, con el presidente actual del CEN del PRI, en la Cámara de Diputados. Nada personal.

En cambio, sí hay imágenes con Miguel Rikelme, candidato del PRI a suceder a su marido, y que ha sido su amigo personal, incluso se dice que fue él quien le presentó a Rubén Moreira.

¿Y el DIF? Supongo que le es ajeno. A menos que un tema relacionado con este traiga, también, jiribilla política o reflectores. Su Twitter, por cierto, rebasa los 90,000 seguidores.

Aquí el «empoderamiento» es al revés. Estar casada con Rubén Moreira, ser cuñada de Humberto Moreira, le ha quitado más que agregado haberes políticos. Debió ser senadora; su cercanía con Miguel Ángel Osorio Chong no le ha podido ser útil. Ella, al revés que muchas *first ladies*, trae un fardo en la espalda con el marido gobernador.

Muy parecido a lo que le sucede a Margarita Zavala como precandidata presidencial: le pesa el marido.

─ ⁓ ─

Y si buscamos a una mujer que haya «exprimido» el DIF sin problemas de opinión pública, siendo y no siendo la titular… vaya que es singular: Laura Vargas de Osorio Chong.

Fue su novia desde la escuela pública a la que, ambos, asistieron. Es abogada. Participó en política local, llegó a ser regidora en Pachuca, es priista, obviamente…

En Hidalgo, durante el gobierno de Manuel Ángel Núñez, estuvo a cargo del DIF estatal como directora, repitió como presidenta con su marido, y luego llegó al DIF nacional, también como directora.

O sea, lleva varios sexenios en el tema «asistencial». Con idéntico peinado, cabello largo pintado de negro, por cierto.

Sorpresivamente, a finales de 2016, anunció que dejaba esa institución para «estar más tiempo con su familia». Y muchos pensaron que se dedicaría a la precampaña del titular de Gobernación. No es así: en Hidalgo, durante un evento de mujeres, el 26 de abril de 2017, declaró que estaba lista para ser candidata a lo que fuese: «Yo siempre he estado a favor de los hidalguenses. Si el partido requiere que participemos, creo que estaríamos dispuestos a hacerlo en cualquier espacio. Siempre me ha gustado esta idea».

O sea, un destape para lo que sea. Enfocado en Hidalgo, no en el ámbito nacional.

Surgen preguntas. ¿Es que da por perdida cualquier opción presidencial acompañando a su marido? ¿Es que ya perdió a su marido?

¿Tantos años al frente del tema del DIF, tantas sillas de ruedas y regalos entregados, no la satisfacen? ¿Es parte de una crisis existencial de la edad madura?

Laura Vargas, como otras esposas de políticos, estuvo inmersa en un escándalo por la presunta compra de una casa a su nombre de muchos millones de pesos en Paseo de las Palmas 1380. Lo que, pese a que fue negado por Osorio Chong, sigue asociado a su nombre.

Como directora del DIF nacional ganaba, según la revista *Proceso*, un salario de 23,667 pesos y una compensación de 166,177 pesos mensuales.

¿El DIF como camino del poder hacia el poder?

■ IA

Los hombres de Karime

Al término de la administración como gobernador de Veracruz, en 2004, Miguel Alemán Velasco contaba con una baja popularidad por haber endeudado al estado por cerca de 10,000 millones de pesos, de manera injustificada y sin que se conociera el destino de esos recursos. Tiempo después dijo haber pagado adeudos pendientes a proveedores y que el remanente se había depositado para la siguiente administración estatal.

En ese mismo año, abanderado por el PRI, llegó Fidel Herrera Beltrán como mandatario estatal de Veracruz, después de una desgastante campaña y denuncias realizadas por el PAN, que acusó un descomunal fraude electoral.

Durante su sexenio, Fidel Herrera reclutó en su mayoría a colaboradores incondicionales, con hambre de realizar negocios lucrativos, así como a amigos con poca ética, para que estos obtuvieran buenas remuneraciones como prestanombres de empresas creadas con dinero proveniente del erario público veracruzano.

Para esas fechas, Coatzacoalcos, puerto veracruzano de rápida expansión por ser una de las principales entradas por mar a México, fue el escenario donde se aglutinaron empresarios exitosos, y otros no tanto, como Jesús Antonio Macías Yazegey, quien radicaba en esa ciudad desde hacía 45 años y no había tenido suerte en los negocios ni capital suficiente para invertir. Circunstancias que cambiaron con la llegada de su compadre y amigo, Fidel Herrera, a la gubernatura del estado.

Tony Macías, como es conocido, nació en Chiapas y ha radicado desde hace muchos años en Coatzacoalcos, en la calle Puebla, de la Colonia Petrolera. Tiempo después se hizo famoso por ser el padre de la esposa del hoy exgobernador preso de Veracruz, Javier Duarte, y, además, uno de los más beneficiados por el erario estatal. Al inicio del sexenio fidelista, en 2004 fundó la empresa Fyver —una procesadora de todo tipo de frutas tropicales que comercializa en presentaciones de puré y jugo—, con recursos de procedencia poco clara, poniéndola en marcha en 2005.

La amistad se profundizó entre las dos familias, Herrera-Macías, con negocios en obra pública, infraestructura carretera, así como con la construcción de hoteles y el otorgamiento en donación, de manera ilegal, de 120 hectáreas en la Reserva

Territorial del Antiguo Puerto México, área perteneciente al gobierno de Veracruz, así como el apoyo en efectivo de 300 millones de pesos, cuando Tony Macías tenía el cargo de director del Parque Tecnológico e Industrial Puerto México.

Tiempo después, Macías Yazegey amasó grandes fortunas y adquirió casas en Miami, Florida, y Woodlands, Texas. Algunas de ellas están a nombre de su esposa, María Virginia Yazmín Tubilla Letayf, quien además está involucrada en empresas fantasmas, según informes de la Fiscalía General del Estado de Veracruz y la PGR, dependencias que abrieron una investigación contra la familia Macías Tubilla desde hace cinco años por enriquecimiento ilícito.

Una nota publicada por el diario *La Jornada* en febrero de 2017[17] retomó un episodio ocurrido en 1993, durante la administración de Patricio Chirinos Calero, cuando Miguel Ángel Yunes Linares se desempeñaba como secretario de Gobierno. Antonio Macías Yazegey fue detenido y enviado a la cárcel acusado por el Grupo Bancomer de haber simulado, un año antes, el traspaso de propiedades en garantía para avalar un crédito por 2,250 millones de pesos, junto con los empresarios Luis Alfredo Daccarett Habib, María Eugenia Vázquez Miranda y su cuñado, Jorge Ramírez Pérez. El gobierno de Javier Duarte quiso ocultar ese asunto durante su mandato.

En julio de 2016, el periódico *Reforma* informó que la PGR realizaba una investigación a 35 empresas encabezadas por Fyver, con base en la Carpeta de Investigación Federal sobre el involucramiento de familiares cercanos al hoy exgobernador preso, quien otorgó dinero público para la creación y mantenimiento de dichas compañías. En la administración de Fidel Herrera se tomaron recursos del apoyo a proyectos productivos para cafeticultores y de otras partidas presupuestales, reuniendo la cantidad de 300 millones de pesos, que fueron utilizados para la constitución de Fyver y del Parque Industrial en Coatzacoalcos, propiedad de Tony Macías.

---

[17] http://www.jornada.unam.mx/2017/02/05/estados/026n1est

La fortuna de Tony Macías se incrementó también porque controlaba organismos municipales, como la Comisión de Agua y Saneamiento de Coatzacoalcos, y colocó en dicha dependencia a decenas de aviadores con sueldos de hasta 100,000 pesos. Un imperio controlado por el padre de Karime bajo la protección de los alcaldes y del gobierno estatal.

En esa época, el control del dinero fue cayendo en manos de un viejo amigo de los Duarte Macías, Moisés Mansur Cysneiros, quien a partir de 2010 empezó a aparecer en las secciones de sociales de las revistas nacionales, ostentándose como exitoso empresario y brazo derecho y asesor en los negocios del recién estrenado gobernador de Veracruz, Javier Duarte.

La amistad de Javier, Karime y Moisés Mansur data de su época universitaria, cuando estudiaban juntos en la Ibero en la Ciudad de México. Viajaban los fines de semana a Córdoba, municipio de donde Duarte decía ser oriundo, cuando en realidad nació en el Puerto de Veracruz. Compartían la amistad con Jaime Porres Fernández-Cavada, un júnior adinerado, quien solía hacerle *bullying* a Javier como entretenimiento. Esto marcó profundamente la vida Duarte y lo impulsó a ambicionar ser rico y aceptado. En un cumpleaños de Porres, en 2014, organizado en su exclusivo departamento ubicado en Miami, recibió un regalo: un automóvil marca Bentley del año, con valor en el mercado de 6 millones de pesos. Y quien enviaba tan costoso detalle era el gobernador de Veracruz, Javier Duarte.

Desde 2006, Moisés Mansur Cysneiros se convirtió en exitoso empresario y dueño de varias propiedades en la Ciudad de México, así como de un inmenso rancho ubicado en Valle de Bravo, en el Estado de México, con caballos rejoneadores. Uno de esos ejemplares, valuado en 100,000 dólares, le fue obsequiado en 2012 a Paulina Romero, hija del líder del Sindicato de Pemex, Carlos Romero Deschamps, quien para esa fecha ya se había convertido en el padrino político de Javier Duarte, y eran constantes los encuentros en esa propiedad para montar a caballo y convivir. El rancho cuenta con enfermería para caballos, caballerizas y una extensa porción de tierra destinada a la cuadra de los costosos equinos.

La Unidad de Inteligencia Financiera (UIF) desde hace cinco años detectó la sociedad de Moisés Mansur con el importante empresario gasolinero, dueño de Hidrosina, William Jorge Karam Kassab, quienes fundaron en el Estado de México la empresa Servicios Profesionales Jura, SA de CV, que fue constituida el 1 de agosto de 2011 ante el Notario Público número 33 de esa entidad federativa. Y este no fue el único negocio en el que incursionó Moy Mansur...

En 2012, el periódico *Reforma*[18] publicó que en la misma Notaría del Estado de México se constituyó Hidromezclas, SA de CV, otorgando 20 por ciento de acciones a nombre de Moisés Mansur Cysneiros y 80 por ciento a nombre de José Juan Jainero Rodríguez, de quien años después se conocería que era el cerebro financiero del exgobernador. ¿Y quién es José Juan Jainero Rodríguez? Antes debemos contarles cómo este y Moisés Mansur llegaron a ser millonarios en pocos años.

Durante 2006 se realizó la peor bursatilización documentada y recordada en Veracruz, que fue el inicio de la debacle en el estado.[19] Fidel Herrera Beltrán vendió la idea y obligó a muchos presidentes municipales y dependencias estatales regidas por consejeros, como en el caso del Instituto de Pensiones del Estado (IPE), a entregar sus partidas presupuestales en un plan estratégico y económico para un presunto beneficio a Veracruz e integrar recursos municipales etiquetados para obra

---

[18] http://www.reforma.com/aplicacioneslibre/articulo/default.aspx?id=989175&md5=a92b136e95d208401dc848ff5cec3fb7&ta=0dfdbac11765226904c16cb9ad1b2efe

[19] http://claudiaguerrero.mx/el-inicio-de-todo/

e infraestructura, así como los fondos de retiro y cuotas de los trabajadores afiliados al IPE, para meterlos a una licuadora financiera, revolverlos y colocarlos en la Bolsa Mexicana de Valores...

Entre la danza de cifras, se dice que se bursatilizaron más de 4,500 millones de pesos, y en esta transacción sobresalen conocidos nombres de operadores: Ángel Céspedes, quien maneja los recursos de los municipios, y el Bufete Chávez Vargas y Abogados, SC, con domicilio en Bosque de Radiatas 44, en Bosques de las Lomas, en la Ciudad de México, comandado por José Antonio Chávez. Este bufete de abogados —unos vivales para eso del cobro de sus honorarios—, inició una cadena de operaciones bursátiles, con el excesivo costo del 8 por ciento en sus comisiones, cuando normalmente se cobra una tarifa de entre 2 y 3 por ciento por dichos servicios. Cabe destacar que Ángel Céspedes y José Antonio Chávez también bursatilizaron recursos en Oaxaca, defraudando al gobierno estatal, durante la administración de Ulises Ruiz Ortiz.

José Antonio Chávez y Ángel Céspedes cobraron una comisión inusitada en la historia de la banca mexicana, y este dinero se entregó a Moisés Mansur Cysneiros para que este último, junto con José Juan Jainero Rodríguez, iniciaran el blanqueo de los recursos con la compra de inmuebles, como los adquiridos en 2006 en Polanco y las Lomas de Chapultepec. Diez años después se conoció un documento notarial mediante el cual Moy Mansur cede sus propiedades a Javier Duarte.

Así comenzó el robo descomunal, junto con sus prestanombres y socios, para defraudar a los veracruzanos bajo una bursatilización fraudulenta. En aquel entonces las calificadoras acreditadas lanzaron críticas al gobierno de Veracruz por los excesivos cobros de comisiones y pagos a despachos jurídicos y contables. El gobierno de Fidel Herrera Beltrán guardó un silencio cómplice.

José Antonio Bandín Ruiz es otro de los hombres influyentes en la vida de Karime y Javier. Señalado como uno de los prestanombres y beneficiario del gobierno de Duarte, era el encargado de las empresas fantasmas, que eran proveedoras del gobierno, facturando a nombre de su esposa, Mónica Babayan Canal, quien actualmente es investigada por la pgr. José Antonio Bandín y su esposa viven en Woodlands, Texas, lugar donde socios y exfuncionarios de Javier Duarte adquirieron residencias, como el exsecretario de Seguridad Pública, Arturo Bermúdez Zurita, quien actualmente está preso en Pacho Viejo. La lista de inmuebles de José Antonio Bandín incluye una residencia en Tecamachalco, en el Estado de México, y departamentos en Acapulco, Guerrero, y en Bosques de las Lomas, en la Ciudad de México.

Bandín y Moisés Mansur se conocieron en la preparatoria. Bandín rentaba un departamento de una sola recámara, pero contaba con un cuarto de servicio que le prestaba a Moisés Mansur, ya que este tenía pocos recursos. A la vuelta de los años, estos amigos preparatorianos tendrían un séquito de guardaespaldas, autos lujosos, relojes costosos y, era tanta la influencia de Mansur en Duarte, que utilizaba las aeronaves del gobierno de Veracruz para viajar a Ixtapa Zihuatanejo y a la Ciudad de México para visitar sus mansiones.

El noticiero *Despierta* de Televisa transmitió fragmentos de una conversación de Moisés Mansur, en la que describe detalladamente cómo pagaba las cuentas de Karime con una tarjeta de crédito adicional, siendo el titular de la cuenta el propio Mansur. Ya como gobernador de Veracruz, Miguel Ángel Yunes Linares aceptó haber viajado a Vancouver, Canadá, para entrevistarse con Moisés Mansur y acordar una declaración ministerial grabada, explicando operaciones financieras, lavado de dinero, propiedades adquiridas con recursos provenientes del erario estatal, socios e involucrados en compras de inmuebles como prestanombres de los Duarte Macías.

En ese relato, realizado el 17 de octubre del 2016, Mansur Cysneiros se deslinda de estar involucrado en varios negocios, y acusa a Jaime Porres Fernández-Cavada y a José Antonio Chara Mansur Beltrán, de ser prestanombres de Javier Duarte. Pero su declaración perdió credibilidad al omitir el detalle sobre el testamento realizado en 2006, en el que nombró como su heredero a Javier Duarte, y nunca explicar cómo adquirió tres inmuebles, entre ellos un edificio de departamentos y un estacionamiento público ubicados en la Ciudad de México, en el mismo año en que se realizó el testamento. Con estos hechos se evidenció una red financiera para lavar dinero proveniente de recursos públicos estatales.

———

La vida de Karime dio un giro en 2012, cuando, afectada por las infidelidades de Javier Duarte decide quitarse el apellido de casada, y ordena que toda la información que se genere como primera dama del estado sea con el nombre de soltera: Karime Macías Tubilla. Durante su Informe de Labores como presidenta del DIF no fue un secreto la cercanía que tenía con su director de Finanzas y Administración, Antonio Tarek Abdalá Saad, egresado de la Universidad de Arizona de la licenciatura en Prensa Estratégica y Relaciones Públicas. Tarek Abdalá pasó del DIF, en donde fue el protagonista de comentarios y chismes sobre la vida personal de Karime, a convertirse en Tesorero de la Secretaría de Finanzas, y después en diputado federal por el distrito de Cosamaloapan, municipio cañero del sur del estado.

La meteórica carrera política de Antonio Tarek Abdalá Saad está siendo investigada por la actual administración de Miguel Ángel Yunes Linares, ya que la Contraloría General de Veracruz lo inhabilitó por diez años para asumir cargos o comisiones, con base en el documento 171/2015, al ser responsable del saqueo a las arcas públicas de Veracruz por un monto de 1,600 millones de pesos, y la Fiscalía General le abrió otra investigación por desvíos de recursos, ahora por 23,150 millones de pesos, por lo que pidió su desafuero en el Congreso Federal. Los rumores sobre la relación y acercamiento personal con la primera dama continuaron hasta la boda de Tarek, realizada en octubre de 2014 en el Puerto de Veracruz, a la que asistieron Duarte y Karime.

Medios nacionales publicaron que, en una de las reconciliaciones de la pareja oficial, Duarte le regaló a Karime un anillo valuado en 185,000 dólares, y un par de aretes con un costo de 40,000 dólares, que fueron adquiridos en la Joyería Berger de Polanco, en la Ciudad de México. Las joyas fueron pagadas con una tarjeta bancaria a nombre de Moisés Mansur Cysneiros, quien ya se había convertido en el principal prestanombres de Duarte y en el encargado de financiar los caprichos de la pareja imperial en Veracruz.

Un dato curioso sobre Tony Macías Yazegey. En 2007 y 2008, siendo gobernador de Veracruz, Fidel Herrera Beltrán ganó dos veces la lotería, y presumió su suerte en varios medios de comunicación estatales y nacionales.

A principios de enero de 2010, siendo Javier Duarte diputado federal, en una entrevista para la prensa estatal informó que su suegro había ganado el Premio Mayor de la Lotería Nacional del sorteo del 31 de diciembre de 2009. También afirmó haber sido él quien compró toda la serie de un número específico con terminación uno, en una plaza comercial del puerto veracruzano de Coatzacoalcos, y habérsela regalado a su suegro, quien fue el afortunado ganador.

Javier Duarte aseguró que desde pequeño tenía mucha suerte en los juegos de azar y sorteos, pues un año antes había ganado 50,000 pesos.

Y quizá pensó que esa suerte le duraría toda la vida, hasta su petición de licencia el 12 de octubre de 2016.

■ CG

Capítulo 5

*Lo peor es que el empeoramiento
empieza a empeorar.*

El orgullo de su nepotismo

En Morelos no le llaman «gobernadora» pero se quejan mucho de Elena Cepeda, esposa de Graco Ramírez. Y una de las razones de este malestar está en sus hijos. Los suyos del primer matrimonio pero que, para los hechos, son los hijos del gobernador.

Uno de ellos, sin ir más lejos, Rodrigo Gayosso Cepeda, es el líder del PRD estatal. Y quien coloca a sus amigos en puestos de gobierno, así como reparte contratos. Sobre su persona afirma Javier Sicilia,[20] activista y escritor: «Graco Ramírez es como el Javier Duarte de Morelos, y darle poder a su hijo Rodrigo Gayosso es como entregarle el poder a un cártel».

En 2013, siendo ya gobernador, Graco Ramírez admitió que había una orden de aprehensión contra su hijo, como parte del litigio de una empresa recolectora de basura. Esto sucedió cuando era secretario municipal de Cuernavaca, bajo el mando de un priista, Manuel Martínez Garrigós, quien en diciembre de 2014 afirmó en conferencia de prensa que Gayosso había sido responsable de «presuntos desvíos millonarios». Uno de

---

[20] Entrevista publicada en el diario *Excélsior*, 19 de diciembre de 2016.

estos negocios de muchos millones habría sido la construcción del distribuidor vial de la Glorieta Emiliano Zapata, obra que Gayosso habría encargado a su padre biológico.

Para no ir más lejos, Rodrigo Gayosso es apodado *Mister 20 per cent*, por las presuntas comisiones que dicen que cobra.

En el gobierno de Morelos se vive como una «familia feliz», donde hay espacio para todos.

La primera esposa de Graco, Olga Durón Viveros, es la directora del Instituto de Radio y Televisión. La pareja sentimental, compañera o como la nombren los perredistas, de otro de los hijos de Graco, de Pablo Ramírez Garrido Durón, que es cineasta, Mónica Reyes Fuchs, es la secretaria de Turismo de Morelos.

El esposo de su hija Marian Gayosso Cepeda, Hugo Wiechers, ha estado inmiscuido en escándalos por su actividad empresarial, que ejerce en Morelos, obviamente.

El sobrino de la señora Durón, Javier Pérez Durón, es el fiscal.

¿Tendría trascendencia colocar a parientes en cargos de gobierno? La tiene, en definitiva, si eso se relaciona con tráfico de influencias, comisiones, dinero, negocios… exactamente lo que sucedió, lo que hizo Karime en Veracruz.

~

Elena Cepeda no es la clásica esposa de gobernador.

Cogobierna, como se asume en todos los ámbitos de Morelos, y defiende, a veces a gritos, a su marido. Compra broncas con los defensores de derechos humanos, siendo una «mujer de izquierda». Su pasado echeverrista —en su biografía dice que trabajó en el Centro de Estudios del Tercer Mundo, que el expresidente fundó en San Jerónimo— se mezcla con su cercanía con Marcelo Ebrard, en cuyo gobierno fungió como secretaria de Cultura, pese a no haber terminado una carrera universitaria.

¿Habrá sido telefonista en las oficinas de San Jerónimo de dicho Centro, donde todos eran académicos? ¿Tendría relación el ya expresidente de la República con el padre de la señora?

Una pregunta interesante es quién la llevó al Centro de Estudios del Tercer Mundo, por cierto. Ya que era un espacio muy cerrado, académico, de estudio, pero también con implicaciones políticas, pues fue parte de un esquema de Echeverría Álvarez para seguir teniendo poder.

Mujer blanca, del norte del país, robusta, en los sesenta hija de un gobernador de Coahuila, niña bien en todos sentidos porque su padre fue, también, fundador de la empresa lechera Lala, Elena también dirige el DIF, donde la Auditoría Superior de la Federación le ha hecho señalamientos... sí, por supuesto, por el tema de los desayunos escolares, el botín favorito de las *first ladies*.

La pareja Cepeda-Ramírez comienza hace 30 años.

Cuando Graco Ramírez era diputado y ella era militante del PRD.

Su injerencia en la vida política de Morelos es inmensa.

Se dice que, además del DIF, controla la Secretaría Técnica de la Gubernatura, la Coordinación para la Adjudicación de Contratos del Gobierno, y tres secretarías: Hacienda, Salud y Cultura. Además del personal de su confianza incrustado en otras áreas.

Muchos han escuchado, cuando se tratan temas de estas dependencias, incluso delante de sus titulares, que le dice a su marido que no se meta...

La secretaria de Hacienda, Adriana Flores, es conocida por su antigua relación con ella. En la Secretaría de Salud tiene a Vesta Richardson, hermana de Bill Richardson, exgobernador del estado norteamericano de Nuevo México, donde Elena Cepeda fue a tratarse una enfermedad hace varios años. En la Secretaría de Cultura tiene a Cristina Faesler, que fue su colaboradora cercana en el gobierno de la Ciudad de México.

Los artistas que se contratan para eventos públicos, así como los escritores invitados, son elegidos por la señora Cepeda. Entre ellos, Plácido Domingo y Guadalupe Loaeza.

Obvio es decir que la presencia de la esposa del gobernador en los medios es brutal; está en todos los diarios locales, igual que en los nacionales, y en las revistas de «mujeres», como *Quién,* donde apareció con un traje de más de mil dólares, de talla grande, europeo. Por eso se menciona que puede, o que quiere, ser la sucesora de su marido.

Lo que la pondría en un contexto semejante al de la esposa del panista Rafael Moreno Valle... dos precandidatos a la Presidencia de la República que harían, textualmente harían, gobernadoras a sus esposas.

No obstante su sobreexposición mediática, la esposa de Graco, al igual que sus hijos, tiene una mala relación con periodistas y académicos, como Javier Sicilia, a quien acusó de haber recibido dinero del gobierno. De cara a la Comisión Ejecutiva de Atención y Reparación a Víctimas de Morelos les dijo que ella haría mucho más con el dinero que pretendían tener... Dijo que el sueldo de las dos Comisionadas es mucho dinero, 70,000 pesos mensuales, y que estaría mejor aplicado en el DIF, es decir, en sus manos.

Con toda intención comenzó su disertación afirmando: «Aunque sé que mis declaraciones no son políticamente correctas... soy libre para hacerlas».

A su vez, una de las señaladas aseguró: «Hay que transparentar los recursos y eso es lo que no quieren». Lo que parece que fundamentan en que la secretaria de Hacienda del gobierno de Morelos es Adriana Flores, quien desde hace más de 20 años es amiga íntima de la señora Cepeda de Ramírez.

Otra respuesta a las «declaraciones» de la cogobernadora no se hizo esperar. Instituciones que se dedican a la protección de víctimas en Michoacán, Guerrero, Veracruz, Sinaloa, Baja California, Nuevo León, Oaxaca y otros estados, firmaron un comunicado en el que acusan a la esposa de Graco Ramírez: «La señora ejerce una influencia ilegal sobre la forma de operar de una gran parte de instituciones, lo que ha traído diversas consecuencias a Morelos. Por lo que el gobernador —su esposo— incurre en graves responsabilidades».

—◄—

Hablando de dinero, en mayo de 2016 se conocieron señalamientos de la Auditoría Superior de la Federación contra la forma en que el DIF, bajo su mando, compró miles de desayunos escolares a la tienda Soriana, ya que al cierre del ejercicio fiscal no se habían recibido, y, por tanto, repartido, los desayunos comprados. Y ahí vino la danza de las cifras… el gasto habría sido de 128'317,000 pesos, pero Soriana solamente recibió 68'732,000 pesos… o sea, andan faltando como 50 millones de pesos.

A esto contestó la señora Cepeda de Ramírez que era tema de calendarios, que el escolar no coincidía con el que auditaron.

La esposa de Graco Ramírez no ha presentado, no al menos que se pueda localizar, su declaración de bienes. Su marido la puso como dependiente, y él sí dijo que gana 1'200,000 pesos mensuales, que tiene casas y departamentos en la Ciudad de México, y en Cuernavaca una casa de mil metros cuadrados.

Y está prohibido criticarla. Si algún medio local recibe publicidad oficial y tiene la osadía de publicar un comentario, una nota, cualquier información que le moleste, de inmediato se ordena la cancelación de dicho convenio.

Es intocable. Sagrada, dirían algunos en la antigua antigüedad.

Sería interesante preguntarle cuánto gasta en ropa su esposa, porque las marcas de «talla grande» son muy caras, como Marina Rinaldi, que utiliza con frecuencia. Un vestido cuesta mínimo 20,000 pesos. En lo que no invierte es en una crema para evitar las manchas en el rostro.

⁓

Sobra decir que Elena Cepeda ha defendido, en público y en privado, al orgullo de su nepotismo, su hijo Rodrigo Gayosso, líder del PRD en el estado. Que ha participado abiertamente en política local, pidiendo incluso que no votaran por Cuauhtémoc Blanco, al que acusó de ignorante y corrupto en su campaña. Y que tiene ambiciones personales. Como ya lo dijo: no se va a quedar quieta.

Falta saber si el orgullo de su nepotismo, si las cuentas que no salen, si Graco Ramírez, si la realidad, si todo esto junto ayuda a sus ambiciones.

⁓

En septiembre de 2015 los asistentes al último informe del gobernador Marco Covarrubias se sorprendieron cuando, rompiendo todas las reglas establecidas, el protocolo, el político panista interrumpió su lectura para pedir que subiera su hija.

Al estilo Vicente Fox en su toma de protesta como Presidente de la República.

Ahí, su hija Sofía utilizó el plural, convencida de que todos, incluida su mamá, habían ganado la elección: «Cuando ganamos las elecciones no teníamos idea de todo lo que tendríamos adelante como familia… así entramos a esto, unidos, y así estamos saliendo, unidos… y más conscientes de que si estamos unidos la maldad no tiene manera de derribarnos».

Esta escena, que terminó en llanto, desconsolado llanto, es parte de la tragicomedia del gobierno y la familia.

A Sofía la filmaron varias veces borracha, incluso mientras le mostraban una pistola. Sin embargo, la cúspide mediática familiar le correspondió a su hermana, Ana Paula, que en junio de 2014 subió a su cuenta de Facebook una fotografía de su mamá con el título: «Mamá peda descripción gráfica». Así, textual.

Oh my God... nos queda claro que en esta familia había problemas.

La fotografía en realidad mostraba a su madre con una copa en la mano. Punto.

Como que no se querían mucho...

A Sofía —solo son dos hermanas—, ya la conocían por haber subido a las redes sociales un comentario discriminatorio: «Es de indígenas ir a USA y emocionarse y poner mil fotos». Esto en septiembre de 2012.

Por lo visto, a la familia le gustaban mucho las redes sociales, ya que su mamá había recibido muchas críticas por haber «presumido» su viaje a las Olimpiadas de Londres, un mes antes de esto.

María Elena Hernández de Covarrubias habría recibido, en esa época, un premio por ser la mejor *first lady* del país, otorgado por la Asociación Mexicana de Consultores Políticos. Además, encabezó un programa llamado «Valor Sudcaliforniano», cuyo objetivo era, precisamente: «Promover valores para la unidad familiar».

¿Quién es esta mujer, madre de dos hijas tan singulares y rebeldes?

Según datos oficiales, divulgados durante ese gobierno, se trata de una licenciada en Sociología por la UNAM. Una mujer relativamente joven, de cabello negro, facciones finas, que usaba, o usa, un reloj marca Rolex, de oro. ¿Trofeo?

———

Declaraciones de Moisés Mansur, el mejor amigo, el que los presentó en la Universidad Iberoamericana, hablan de una tarjeta de crédito American Express que le «dio» a Karime Macías para que hiciera sus gastos: en un año varios millones de pesos... en chucherías, porque no gastaba en ropa, en relojes de marca, en alhajas; al contrario.

Por lo menos durante dos terceras partes del gobierno, las últimas, Karime estaba inmersa en el mundo espiritual.

No se vale reír.

En un mundo de superación interna, de contacto con la naturaleza, de despojo de bienes materiales y vanidades. Basado en algunos maestros, o como se les quiera llamar, «guías», como el muy famoso Deepak Chopra, un médico de origen hindú que vende libros por millones y da conferencias por todo el mundo.

De ahí vendría la falta de adornos, la sencillez extrema en el vestuario, el pleito permanente con el cabello encrespado... y dicen que hasta la barba que Javier se dejó crecer.

Antes, según declaraciones ante la PGR del abogado Ortega, Duarte le ordenó comprarle un costoso anillo y unos aretes de brillantes para regalárselos a su esposa. Quiero creer que fueron para Karime porque nunca los exhibió.

No gastaba en ella, en verdad.

***

En el municipio de Benito Juárez, cuya cabecera es el importante destino turístico Cancún, en Quintana Roo, el nepotismo se da al revés. Es la mamá del jovencito político del Partido Verde, cuate de su líder, apodado justamente el Niño Verde, llamado Remberto Estrada.

Una señora entrada en su madurez, cincuenta y algo, que toda su vida fue empresaria. O, si se prefiere, empleada-socia de su marido transportista. Que comenzó como camionero en Jalisco y en 1993 llegó a Cancún para operar el transporte de turistas del Club Med hacia el aeropuerto.

Suerte, trabajo, oportunidad... todo devino en una fortuna impresionante, una casa lujosa en la mejor zona de Cancún. Y, ahora, un jovencito hijo de sonrisa permanente, como aeromoza, que trabaja —bastante mal por cierto— de alcalde. Puesto que alcanzó mediante el voto popular, espontáneo y libre, apenas cumpliendo 29 años.

A las pocas horas de tomar posesión, don Remberto anunció que nombraría a su mamá en el DIF... siendo soltero era lo «políticamente correcto».

¿Tenía experiencia la señora Elvia Estrada Barba?

En sus propias palabras: «Desde que tengo uso de razón mi vida ha sido dedicación, trabajo y vocación de servicio». Agregaría que facilidad para utilizar el lugar común, también.

En mayo de 2017, cuando llevaba cinco meses en el cargo «honorífico», había acompañado a su hijo a toda clase de festivales, uno de ellos con niños muriéndose de calor, insolados, para recibir unas becas... así les llamaron «becas», de mil pesos... por una vez. Para lo que, orgullosamente, se anunció un gasto de 210,000 pesos de «recursos propios», signifique esto lo que signifique. En todos los recorridos e inauguraciones, instalaciones y demás que hace el alcalde con su madre, esta, como buena mujer mexicana, guarda un discreto silencio y voltea a ver a las cámaras.

Ese es su protagonismo materno.

Dos eventos más personales destacan en la bitácora de esta primera dama: la celebración de su cumpleaños en un hotel de Cancún, donde vistió de encaje azul... estilo la Gaviota... o copia de Mariana Borge, como se prefiera. El pastel, de acuerdo con las crónicas de sociales publicadas, fue de «tres leches».

Otro tema significativo en el devenir del DIF fueron las celebraciones del carnaval...

Sí, faltaba menos, celebraciones del carnaval en febrero de 2017, cuando el lema de que habría un «Cancún de 10», que Remberto utilizara en su campaña, se había convertido en diez ejecuciones al mes; cuando restaurantes y bares habían cerrado por la inseguridad; cuando las mujeres seguían suicidándose o aparecían sospechosamente muertas en número alarmante;

cuando los soldados y los policías federales tenían que patrullar las playas por la inseguridad, hubo sonadas y rimbombantes celebraciones de carnaval... con sus trajes de plumas.

No iba a quedarse atrás doña Elvia... Total, la edad se lleva en un lugar muy alejado de las lonjitas y el ridículo, por eso aparece en las fotografías llena, literalmente llena de plumas, con un disfraz sin traducción, algo relacionado con Venezuela... pero no confundir, nada del país que tiene manifestaciones en las calles, algo cultural.

A su lado, en esas festividades adonde acuden las esposas —creo que también les llaman «bailes» aunque no hay bailadores—, está la hermana de Remberto, la otra Elvia que, no faltaba más, para eso es el poder y lo que corresponda, ya fue elegida reina del Carnaval de Cancún 2018.

La señora Barba declaró: «Este evento con causa es el resultado de la suma de esfuerzos del DIF municipal, junto con la reina del Carnaval, Miriam I, y la sociedad benitojuarense, teniendo como objetivo el mejorar la calidad de vida de personas en situación de vulnerabilidad, donando una parte de lo recaudado a programas asistenciales» Así, de corridito, con esta sintaxis, textual.

⌒⌣⌒

¿Le gusta a doña Elvia tener que cambiarse, vaya que lo hace, diariamente de vestido y siempre sonreír, siempre repetir lo importante que es ayudar a los niños? No creo que siquiera se lo haya preguntado alguna vez.

Muchos estampados de rayas... ¿así verá su destino?

Cumple. Es su papel. Para eso es la orgullosa madre del imberbe político tan próximo a pasar a la historia como el peor alcalde de ese municipio.

El 2 de noviembre de 2016, a apenas unas semanas en su puesto honorífico del DIF, la señora Barba de Estrada se encontró con la noticia de que el hermano de su directora—porque hay responsables en el escalafón; unas, ellas, las madres, las esposas, son para las fotografías—, Érika Camacho Escalante, había sido ejecutado.

A Marco Antonio Camacho Escalante le dispararon 71 veces, de acuerdo con los cartuchos encontrados, en una gasolinera de la transitada Avenida Nichupte; iba manejando un BMW de color blanco.

A muchos no les sorprendió este asesinato porque el señor, muy conocido en el bajo mundo, había salido un año antes de la cárcel de Cancún, donde cumplió una condena por tráfico de estupefacientes. Famoso, también, por controlar los negocios de esa prisión.

¿Por qué la nombró pese a este parentesco, tan público, cuando su hermano seguía en sus «actividades» ilícitas como todo mundo, pueblo chico, sabía?

¿Se la nombró Remberto? ¿Le pareció que no era interesante tener información de quién sería su colaboradora más cercana?

¿Quién le hará los disfraces de carnaval? ¿De dónde sacan tantas plumas? Esas son las preguntas importantes.

En Chiapas, con el gobernador Manuel Velasco Coello se dio un fenómeno totalmente distinto al nombrar a su madre, Leticia Coello, a cargo del DIF.

La señora trabajó en verdad los primeros cuatro años del sexenio, en programas efectivos, trascendentes, para la educación y la igualdad de las niñas, de las mujeres indígenas. Así como de los ancianos, de las embarazadas, de los minusválidos.

Hizo un trabajo de excelencia, más que en una secretaría de desarrollo social. En su vestuario privilegió el uso de tejidos y prendas indígenas, con lo que se acrecentó el desarrollo de las comunidades.

La señora Coello igual vio por las internas de la cárcel, que llevó literalmente leche a las humildes casas de poblaciones muy alejadas. También creó un centro de rehabilitación para personas con problemas motrices. Y creó una de las cuatro escuelas de terapia física que existen en el país.

Trabajó para la creación de la Marca Chiapas para cuidar el trabajo de los artesanos del estado, que fueron una de sus prioridades. También construyó una clínica para tratar el autismo. Y albergues para niños migrantes. Trabajó.

En su tiempo, en el DIF se instauró una pensión de 500 pesos mensuales para madres solteras, que en esa entidad es un gran apoyo. En una entrevista me dijo: «El DIF es una maravilla porque resolvemos todos los problemas, no porque tengamos los recursos, sino porque nos vinculamos con todas las instituciones de gobierno y conseguimos apoyos, créditos».

Con ella en el DIF el programa de desayunos escolares llegó a cubrir a poco más del 90 por ciento de la población infantil hasta secundaría. Lo que equivale al 33 por ciento de lo que esos niños comían cada día. De igual forma, tuvo un programa muy ambicioso de entrega de despensas alimentarias a 14,000 mujeres embarazadas. En sus cocinas comunitarias llegaron a comer más de 52,000 personas.

En una entidad como Chiapas, con gravísimos problemas de pobreza, estos programas cambian, en verdad, la realidad.

No destruyó. Qué excepción, hay que decirlo: no destruyó.

Fue, siempre, una figura fuerte en el gobierno de su hijo… pero en su ámbito, en el tema de la asistencia social, consiguiendo dinero de la federación para sus programas. O sea, no gastó sino que llevó dinero al DIF.

No buscó espacios políticos, simplemente hizo su trabajo, un trabajo excepcional y meritorio.

Y luego, en su momento, con el reconocimiento de toda la sociedad, se retiró. Dijo que quería más tiempo para sus hijos, sus nietos.

Cuando llegó al DIF de Chiapas, la señora venía de trabajar toda su vida, con dos hijos, viuda.

La relación de Karime Macías con su suegra, una mujer viuda, madre de varios hijos, nunca fue buena. Cuando su matrimonio parecía naufragar, cuando comenzó a utilizar sus apellidos de soltera, cuando escribía en su diario fórmulas para sostener la «sociedad de negocios» con Javier Duarte, comenzaron a utilizar, perdón, a promover, a la madre del gobernador para el DIF…

Luego, todo volvió a ser lo mismo.

■ IA

La parentela política de Karime

María Cecilia de Ochoa Guasti de Duarte sufrió de manera inesperada, y quizá terriblemente, la muerte de su esposo, Javier Duarte Franco, quien falleció en el terremoto de 1985, cuando se hospedaba en el Hotel Regis, en la zona centro de la Ciudad de México. En ese momento se convirtió en viuda, y sus cuatro hijos varones: Javier, Cecil, Eugenio y Daniel, en huérfanos de padre. Este suceso marcó la vida de Cecilia y de cada uno de los menores. La relación con la familia del esposo, integrada por políticos y empresarios de clase media radicados en el Puerto de Veracruz, no era la mejor. Nadie de la familia Duarte imaginó que el primogénito de Javier Duarte Franco, un niño regordete y sin aparentes ambiciones en la vida, lograría llegar a ser gobernador de Veracruz.

A la muerte del marido, María Cecilia tomó la decisión de emigrar a Córdoba, donde residía su familia, para tener apoyo y sacar adelante a sus hijos. La madre de Javier Duarte abrió una panadería con la ayuda de un amigo cercano, quien le enseñó el manejo del negocio, desde la elaboración de los panes hasta la atención al público. Años después, este amigo se convertiría en su pareja sentimental y, aparentemente, no gozó del cariño de Javier Duarte, quien solía celar a su madre. El 27 de marzo de 2010, día en que Duarte fue registrado oficialmente como candidato a la gubernatura, Javier le pidió a su madre que dejara a su novio el panadero. La madre simplemente obedeció.

En su adolescencia, Duarte viajó al Puerto de Veracruz para estudiar la preparatoria en el Instituto Rougier, y de ahí se trasladó a la Ciudad de México para cursar la carrera de Derecho en la Universidad Iberoamericana, donde conoció a Karime Macías Tubilla. Existen notas periodísticas documentadas[21] de que los primos Duarte Dehesa, quienes vivían en la zona conurbada Veracruz-Boca del Río, apoyaron a la familia de María Cecilia, en especial a Javier. Tiempo después, como funcionario en el sexenio de Fidel Herrera Beltrán, y después como gobernador, Javier Duarte ayudó a sus familiares, aportando recursos públicos para que sus primos instalaran en Córdoba una empresas de producción de caracoles, conocidos como *escargots*, platillo de alta demanda en Europa.

Luis Iván y Héctor Duarte Dehesa, primos hermanos de Javier, fundaron en 2004 la empresa Hélix de México, para exportar caracoles a Francia, España e Italia. Iniciaron este negocio con un préstamo cercano al millón de pesos otorgado por las secretarías de Economía y de Desarrollo Económico y Portuario de Veracruz (Sedecop). Con esos recursos adquirieron una granja de 5,000 metros cuadrados en la sierra de Córdoba, así como equipos de termosellado, refrigeración, nebulización y mobiliario. La revista *Expansión*[22] publicó en 2011

---

[21] http://claudiaguerrero.mx/escargot-y-miami-los-negocios-familiares-de-los-duarte/

[22] http://expansion.mx/expansion/2011/09/14/caracoles

cómo los primos del gobernador de Veracruz conocieron los caracoles y sus bondades en un viaje a España que habían realizado años antes.

——

Los hijos de Jorge Duarte Franco, los primos Gerson, Ena Belén y Jorge Duarte Bouchez, han afirmado no haber gozado de la misma suerte que sus primos por haber tenido un pariente gobernador. Sin embargo, Gerson Duarte fue funcionario estatal durante la administración de su primo y presumió los lazos consanguíneos hasta la separación del cargo de Javier, en octubre de 2016. A partir de esa fecha eliminó el apellido Duarte en sus redes sociales para solo ser Gerson D. Bouchez. Ena Belén tuvo mejor suerte, fue directora del Instituto Veracruzano del Fomento al Desarrollo Regional durante la administración de Fidel Herrera y vocera interna de Comunicación Social en el equipo de transición de Javier Duarte. Hija del llamado *Negro* Duarte, se convirtió en proveedora del duartismo, con su empresa Proezas Asociados, SA de CV,[23] con la cual se hizo de un contrato por 775,837 pesos para proveer uniformes a Radiotelevisión de Veracruz.

Jorge Duarte Bouchez, radicado en Xalapa, fue durante algunos años director de Arte y Patrimonio Cultural del Instituto Veracruzano de Cultura. En junio de 2014, durante el Mundial de Futbol de Brasil, este primo subió a las redes sociales una fotografía mostrándose en el partido México-Croacia. Publicamos la imagen en exclusiva y los medios de comunicación reprodujeron nuestra nota, que se convirtió en noticia nacional: el primo de Javier Duarte vacacionaba en Brasil en horario laboral. El mismo día, este funcionario del Ivec aseguró

---

[23] http://www.revistarepublica.com.mx/tehuipango-adios-a-la-pobreza-proceso-y-javier-duartede-funcionaria-con-fidel-a-proveedora-con-duarteuv-mas-solida-labastidadecepciona-politico%E2%80%8F/

estar en su periodo vacacional y que viajó a Brasil gracias al regalo que le hizo un amigo enfermo, quien había ganado el boleto en un concurso promovido por las tiendas OXXO y Casa Herradura, sin especificar el nombre del espléndido amigo. En septiembre de 2016, cuando Javier Duarte ya estaba en el ojo del huracán, quiso desmarcarse de su primo a través de sus redes sociales. El hoy detenido exgobernador se defendía de los señalamientos que le hacían la PGR, la Auditoría Superior de la Federación y el SAT, por los desvíos de recursos que le habían detectado. Entonces, Jorge Duarte Bouchez escribió: «Qué vergüenza de tuit, ofende la inteligencia del más pendejo. Alguien está desesperado de atención q no le dieron de niño. Es muy chistoso ver como todos los políticos se quedan con la idea de q toda la gente es tan ignorante como la q vota por ellos a cambio de una playera y ya nunca se cambian el chip de su *brainless haid*» [*sic*].

Los primos más beneficiados fueron los Zurita Duarte: Frank, Augusto y Heidi, hijos de Andrea Duarte, hermana del padre del exgobernador. Ellos se consideraron los parientes consentidos de Javier Duarte, pues ocuparon puestos políticos de relevancia e hicieron crecer sus negocios, como los Cafés Duarte, propiedad de Andrea, cuyos establecimientos estuvieron ubicados en las mejores plazas comerciales del estado.

En la columna titulada: «Heidi, Augusto y Frank Zurita Duarte: los prepotentes»,[24] expusimos los casos de estos primos millonarios. Frank Zurita Duarte fue nombrado en 2011 subdirector de Adquisiciones de la Secretaría de Salud. En mayo de ese mismo año, el excontralor general, Iván López

---

[24] http://noreste.net/noticia/heidi-augusto-y-frank-zurita-duarte-los-prepotentes/

Fernández, reconoció que en la Secretaría de Salud se había adquirido medicamento clonado o con irregularidades, hecho que ocurría desde la administración de Fidel Herrera Beltrán (2004-2010).

A raíz de esas declaraciones, a Frank Zurita Duarte le fue ordenado suspender la adquisición directa de medicamentos a la empresa Especialidades Médicas del Sureste, propiedad de Andrés Beceiro Delfín, quien actualmente está siendo investigado por la Fiscalía General del Estado y la PGR, así como a cinco empresas proveedoras, también de su propiedad. El medicamento apócrifo presuntamente fue suministrado a niños con cáncer y utilizado en el tratamiento de adultos.

Heidi Zurita Duarte era empleada en la Secretaría de Medio Ambiente; sin embargo, casi nunca acudía a su trabajo. Ella estuvo envuelta en un escándalo al darse a conocer en la prensa que construía un edificio con una superficie de 1,500 metros cuadrados y cinco pisos de altura, destinado al uso de oficinas, el cual tenía un valor catastral de 10 millones de pesos. Ubicado en la calle Ravel, en el exclusivo fraccionamiento Indeco-Ánimas, en Xalapa, el inmueble no contaba con el cambio de uso de suelo ni con otros permisos municipales. Ante la queja de los vecinos, quienes bloquearon la principal vía de ese fraccionamiento, la obra fue clausurada, provocando que Heidi pidiera disculpas públicas en una carta publicada en el *Diario de Xalapa*. En ella explicó sus razones, pero aceptó haber infringido la ley.

La pregunta obligada que hicimos en noviembre de 2015, cuando publicamos dicha nota, fue: ¿de dónde sacaron los recursos estos primos incómodos, si hace siete años eran funcionarios de nivel medio en el gobierno de Fidel Herrera, y hoy aparecen como grandes empresarios inmobiliarios, construyendo un edificio de alta plusvalía en una exclusiva zona de la ciudad?

Augusto Zurita Duarte es quien más se parece físicamente a su primo Javier. Fue el encargado del ambicioso proyecto

«AyuDarte», el cual promocionaba la imagen de su pariente y estaba enfocado presuntamente a reducir los índices de pobreza y marginación en Veracruz. Este primo hermano fue beneficiado con obra pública y otros contratos obtenidos a través de una comercializadora. La Fundación AyuDarte era utilizada para desviar recursos federales etiquetados para el combate a la pobreza. Este es un claro y vergonzoso ejemplo de nepotismo de la administración duartista.

La frase de «hermano incómodo» fue usada por primera vez por el escritor Vicente Leñero y publicada en la revista *Proceso*, al referirse al hermano del expresidente Carlos Salinas, Raúl Salinas de Gortari, quien fue acusado y encarcelado por el delito de fraude y desvíos de recursos en la desaparecida Conasupo, así como por lavado de dinero y el uso de pasaporte falso. Los hermanos incómodos del hoy capturado exgobernador de Veracruz son: Cecil, el operador; Eugenio, el de los negocios, y Daniel, el cerebro financiero. Ellos ocuparon un lugar privilegiado durante el sexenio de su hermano y presumieron y disfrutaron del estatus de millonarios.

Cecil Duarte de Ochoa era el más popular de los hermanos y le fue asignada la encomienda de dirigir y ser el operador político en la organización Juventud Dinámica, un membrete priista destinado a reclutar jóvenes militantes en épocas electorales. Su logo eran las siglas JD, de Juventud Dinámica y, obviamente, de Javier Duarte. Cecil se convirtió en proveedor de varios ayuntamientos, pues obligaba a los presidentes municipales a comprarle luminarias para las calles a precios más altos de los normales. En la Secretaría de Salud consiguió que sus empresas fueran contratadas para otorgar servicios subrogados para el lavado de sábanas, limpieza de cuartos y quirófanos, así como víveres e insumos para las comidas en todos los hospitales de Veracruz.

Un día, mientras Cecil jugaba en una máquina de un casino en la capital del estado, custodiado por cuatro guaruras, una mujer que frecuentaba dicho establecimiento, ubicado a un lado de la Plaza Américas, le reclamó su forma de jugar y le dijo que por la manera en la que gastaba el dinero seguramente este provenía del erario público. El hermano del exgobernador de Veracruz se levantó sin decir nada y abandonó el casino. Se dice que en una noche llegaba a perder hasta 400,000 pesos.

En abril de 2014 fue secuestrado en Xalapa el empresario transportista José de Jesús Ramos Garrido,[25] quien, durante su cautiverio de siete días aceptó ser prestanombre de exfuncionarios de Fidel Herrera y acusó a Cecil Duarte, en un video grabado por sus captores,[26] de realizar negocios en la administración de su hermano. La acusación en contra de Cecil Duarte estaba fundamentada en los desvíos de recursos de proyectos productivos provenientes de la Secretaría de Desarrollo Agropecuario, Rural y Pesca de Veracruz, los cuales sumaban entre 8 y 20 millones mensuales, y más de 500 millones de pesos en ganancias. En el video explica cómo esta red de corrupción adquiría dichas cantidades. Días después, Ramos Garrido se desmintió, aclarando que la grabación había sido realizada bajo presión y tortura. No era un secreto la relación del empresario con el exgobernador Fidel Herrera, con quien tenía concesiones de taxis en Xalapa, Poza Rica, Orizaba y Cancún, Quintana Roo.

Eugenio Duarte de Ochoa mantuvo un perfil bajo, pero sus empresas eran proveedoras en la administración de su hermano. Sus negocios en la Secretaría de Educación, una de las dependencias con mayor presupuesto en Veracruz, así como Sedesol y en programas contra la pobreza operados por el DIF, fueron dados a conocer por la Auditoría Superior de la Federación.

[25] http://plumaslibres.com.mx/2014/05/04/quien-miente-el-procurador-o-el-secuestrado/
[26] https://www.youtube.com/watch?v=6TiIBHJXp8A#t=11

A principios de marzo de 2017, un medio de comunicación estatal informó sobre la presunta localización de Duarte en un inmueble propiedad de Eugenio Duarte en la ciudad de Puebla, en el clúster La Isla, en calle Gran Canaria número 76, de Lomas de Angelópolis, valuado en 11 millones de pesos, adquirido en diciembre de 2016. Cabe destacar que el exalcalde de Iguala, Guerrero, José Luis Abarca, y su esposa, María de los Ángeles Pineda Villa, involucrados en la muerte de los 43 normalistas en Ayotzinapa, son dueños de un inmueble en ese exclusivo fraccionamiento residencial.

Daniel Duarte de Ochoa era la vergüenza de Javier, según expresiones de colaboradores del exgobernador. Su orientación sexual la asumió públicamente al casarse con una persona del mismo sexo. Eso no fue muy bien visto por Javier Duarte, por lo que aceptó que su hermano se fuera a radicar a Bilbao, España. En noviembre de 2016 se vinculó a Daniel con la compra de hoteles y departamentos. Según el programa *Despierta* de Televisa, y *Animal Político*,[27] el hermano del hoy prófugo de la justicia es socio único y administrador de sociedades inmobiliarias en Bilbao y Madrid. La primera, llamada Consultoría Casco Viejo, SL, es dueña del hotel Iturrienea Ostatuta, que tiene 233 metros cuadrados, divididos en tres departamentos y que está rodeado de bares y restaurantes en el centro de Bilbao. La compra-venta del inmueble se realizó el 23 de abril de 2014.

En la Inmobiliaria Bilbao Alquiler Apartamentos y Servicios, SL, Daniel aparece como administrador y socio con el 50 por ciento de un departamento en el primer piso del edificio 9, de la calle Hernani, cerca del hotel, en la cuidad de Bilbao. Tiene una superficie de 258 metros cuadrados y su escritura data de mayo de 2011. Uno más en el piso 3 del edificio 1, en la calle Lamana, adquirido el 30 de mayo de 2012, así como un

---

[27] http://www.animalpolitico.com/2016/11/hotel-departamentos-propiedades-duarte-espana/

departamento en Madrid, en el Barrio de Salamanca, considerado uno de los mejores de la capital española.

A Daniel le adjudican la autoría del plan de ganancias en 35 empresas fantasmas en Veracruz investigadas por la PGR, entre ellas los equipos de beisbol Cafeteros de Córdoba y Rojos del Águila de Veracruz, empresas inmobiliarias, tiendas deportivas, productos perecederos, autotransportes, refacciones y gasolineras, entre otras.

■ CG

Capítulo 6

«De piedra ha de ser la cama,
de piedra la cabecera…».

Todas mantenidas

Pueden tomar lo que quieran del mundo.

Con costos que otros pagan. O, si se prefiere, pagamos.

También están las que «se cobran». Son las esposas, las consortes del poder humilladas en público, que se aferran al gasto público en venganza. ¿O qué podemos imaginar que sintiera la esposa del entonces gobernador de Oaxaca, Mané —parece nombre, por cierto, y no diminutivo—, al ver las fotografías de las amigas de su marido cubiertas de billetes?

Fotografías de dos jóvenes que estaban junto a él con expresión amistosa, y que después aparecieron desnudas con una cobija de dinero...

La expresión de ella es absolutamente catatónica. En todas las fotografías que se guardan de este gobierno, que terminó en 2016, aparece con un rostro idéntico, como si no tuviese ni frío ni calor. Sin maquillaje, con un hartazgo tremendo, con el cabello largo metiéndosele en los ojos. No se sabe si estaba enojada o indigesta; la insatisfacción debe haber sido brutal.

Aunque no creo que las fotografías de las señoritas embilletadas fuese la única razón del divorcio, la señora Mané Sánchez Cámara se fue a vivir a otro rumbo de Oaxaca. Casa igual de grande que la oficial. Y los gastos de su casa siguieron, obviamente, a cargo del erario, incluyendo escolta y demás; nunca dejo de ser la presidenta del DIF. ¿Necesidad había?

———

¿A qué viajan las primeras damas, de los estados o de Los Pinos? Supongo que a lo que se les dé su real gana. Porque no tienen obligaciones. Y pueden elegir. Ninguno, absolutamente ninguno de los preceptos legales les dice qué deben hacer o qué no deben hacer.

Ahí tienen los aviones oficiales, los vehículos oficiales, y sobre todo los viáticos oficiales para lo que tengan a bien.

En México, la primera consorte ambiciosa que persiguió el poder, que disfrutó el poder, que ansió el poder incluso más que su marido, fue la emperatriz Carlota. Tenía 26 años cuando se enfrentó a Napoleón exigiéndole que sus tropas siguieran en México y pidiéndole dinero; cuando fue a ver al Papa, cuando le robó una pequeña taza de plata para poder beber agua de las fuentes romanas, convencida de que querían envenenarla. Carlota quería conocer el país porque como mujer inteligente entendía que ese era el camino más directo para conquistarlo. Conocimiento es poder; por eso hablaba varios idiomas y aprendía español.

Las otras, las de después, las de ahora, las consortes del poder, viajan para lucir sus trapos, para ir a comprar sus trapos, para ir a ver los trapos de otras consortes, para hablar de trapos...

Y si no lo creen, a revisar las agendas de estas señoras.

¿El dinero que paga sus gastos sale de partidas secretas? ¿Les pagan un ayudante? ¿Llevan un portafolio lleno de billetes? ¿Tienen tarjetas American Express negras con otro titular? ¿Todo se arregla en la Oficialía Mayor?

Lo cierto es que gastan.

Hasta finales de abril de 2017 no sabíamos cuánto dinero había gastado Angélica Rivera de Peña en sus viajes. A varias peticiones hechas al IFAI (Instituto Federal de Acceso a la Información) a principios de 2015 por el portal *Sin Embargo* y otros medios, se respondió, oficialmente, que dicha información era «inexistente».

O sea, sí había viajado pero no existían esos viajes o no había un solo comprobante de gastos, ni siquiera la gasolina de los aviones de la Presidencia…

Sobre todo querían, queríamos saber, cuánto había costado el viaje de su maquillista particular a China, en avión privado, para poder pegarle las pestañas cada mañana.

No se consiguió.

La última semana de abril de 2017, obtuvimos, los mexicanos, estos datos.

Lo inexistente se volvió público de tanto insistir.

No la información del maquillista, pero algo es algo…

En el portal de Carmen Aristegui se pueden encontrar datos muy impresionantes, o indignantes, como se prefiera. Como los 20 viajes que ha hecho Angélica Rivera, con familiares y/o amigos, a Miami, donde tiene —leer a Sanjuana Martínez— uno o dos lujosos departamentos en el conjunto residencial llamado Ocean Tower, en Key Biscayne. Al lado de los famosos y los multimillonarios.

Como mero ejemplo, el viaje que realizó a Miami en enero de 2013, nos tuvieron que informar, costó 551,000 pesos. Antes de la devaluación de nuestra moneda. Así que debemos agregar un 40 por ciento más.

De este dinero se pagaron las habitaciones para sus guardaespaldas, ayudantes, o como se les quiera calificar, cargan las bolsas de las compras, pertenecientes al Estado Mayor Presidencial. Que se alojaron, y pidieron *Room Service*, en el hotel Ritz Carlton.

Normalito, pues.

Lo de los gastos de Angélica no está bien detallado, porque las notas del Estado Mayor Presidencial solamente hablan de lo que se pagó, en hotel y boletos de avión, para sus guardaespaldas. O sea, su seguridad. La misma que la acompañó al Mundial de Futbol en 2014. ¿Es necesario protegerla a estos costos económicos? ¿Hacerlo en viajes que no son oficiales? ¿Qué le podría pasar?

¿Y ella? ¿Quién paga? ¿Y el avión oficial donde viajó, no cuenta?

Un poco más caro fue su viaje, personal, al Vaticano para la canonización de Juan Pablo, por el que se pagaron por gastos de acompañantes y demás la cifra baratita de 91,056 dólares.

En los hechos, el gobierno de la República se vio obligado a entregar algunos números. Esto nos permite estar más seguros de lo que suponemos —así, en plural, que es colectivo— que gasta la señora esposa del presidente.

Y eso que ha hecho pocos viajes al interior relacionados con su actividad, o su no actividad, en el DIF. Los que en meses recientes, finales de 2016 y principios de 2017, la muestran con apretados mallones y una camisa suelta como disfraz. Uno de estos viajes, a Sinaloa, habría costado 521,000 pesos.

¿Qué tal nos hubiera ido si le da por viajar cada tercer día para entregar «apoyos a los más necesitados»?

***

A esto hay que agregar el vestuario, los trajes de modisto europeo que la señora utiliza. Mucho dinero. Dinero que no le alcanzaría a ningún marido que trabajase en el sector público. Dinero que no puede cubrir el sueldo mensual del presidente de México.

Las consortes de provincia no cantan mal las rancheras. Con revisar sus fotografías, con estudiar el organigrama del DIF donde están ayudantes, jefes de prensa, secretarias para los temas «personales» de las señoras, que vuelven, quién sabe por qué protocolo político, oficiales automáticamente.

Otras esposas cómplices del poder, lo podemos constatar en sus declaraciones oficiales, tienen las casas, los terrenos, las cuentas de banco a su nombre. Sin haber dado golpe en la vida, son las mantenidas, son las beneficiarias, son las que van a usufructuar los botines políticos. Tal vez por eso, también por eso, encontramos menos divorcios en el poder mexicano.

¿Hay límites? No, en lo absoluto. No existen límites.

No ha habido interés de ningún mandatario por limitar los estipendios de su esposa, antes al contrario.

Lo que ha cambiado, mucho diría yo, es el escrutinio público.

Y esto, lo que gastan las consortes del poder, va a ser un factor presente en muchas boletas electorales, estatales y federales.

¿Se necesita que las mujeres hagan un trabajo, que llaman voluntario pero no lo es, como parte del ejercicio de gobernar? No, en definitiva, no.

Se necesitan políticas serias, estructuradas, eficientes, que atiendan la pobreza. Se necesita que todas las instituciones cumplan con sus obligaciones, que sea el sector salud el verdadero responsable de las necesidades de niños y ancianos. Se necesita un gobierno que haga su trabajo.

¿Y las mujeres? Y las mujeres como el resto de las mujeres. Que hagan lo que corresponda, lo que quieran hacer, lo que han venido haciendo, sea en el ámbito que sea. Da igual si es su casa o si trabajan, como millones de mujeres.

Que se adapten, como todas las mexicanas, a su circunstancia. Sin pedir, sin usar, sin tomar del presupuesto.

Esto sí que sería un cambio.

Que no se va a dar.

Porque habría que cambiar mucho, en verdad mucho, en la educación y la idiosincrasia femeninas.

Tendrían que modificarse las leyes vigentes. Reglamentar. Quitar del «estilo personal de gobernar» la libertad de elegir qué papel y qué corrupción van a representar las consortes del poder.

⌇

¿Convertirse en primera dama, estatal o federal, es un pantano del que se puede salir indemne? Sí, definitivamente. Si se tienen una personalidad propia, valores morales distintos del árbol que da moras, un proyecto personal, respeto por sí misma. Hay ejemplos: basta mencionar a Teresa Uriarte de Labastida o a Clara Scherer de Carrasco. Ambas con una trayectoria incuestionable en sus ámbitos, mujeres respetadas por lo que piensan y lo que hacen, que estuvieron al frente del DIF y, sí, también repartieron juguetes. Algunas, muy pocas, pueden.

⌇

Algunas consortes del poder entienden su posición, así la protagonizan, como un mandato divino. Algo que les fue impuesto desde fuera.

Otras, la mayoría, la buscan desde jóvenes. Desean, persiguen, ser la esposa de un poderoso como meta vital. Se casan con «prometedores» políticos en la esperanza de llegar a «disfrutar» del presupuesto público. No hay razonamientos ni deseos más allá del poder, del dinero que este conlleva, sin importar que sea producto de actividades ilegales. Esto parece ser norma.

Incluso lo sabemos por la ostentación pública de sus protagonistas. Por lo menos en el caso de la esposa de Francisco Vega de Lamadrid, gobernador de Baja California, Brenda Ruacho, y de Martita Sahagún de Fox, que fueron amantes y se empeñaron en que se divorciaran de sus esposas para convertirse en las protagonistas de todas las fiestas del carnaval, las noches del Grito, los viajes, la Casa de Gobierno, las camionetas blindadas, los viajes al extranjero y demás.

Unas lo consiguen, otras se convierten en la razón del caos.

En Quintana Roo se vivieron múltiples problemas originados por la doble relación del gobernador Borge.

Ellas, no nos engañemos, quieren el poder para gozarlo. Para usufructuarlo. Para «exprimirlo», como escribió Karime Macías.

De ella, referencia válida para muchas otras consortes del poder, escribió Mónica Camarena:[28] «Karime, no se sabe si con exactitud matemática, fue construyendo en Javier Duarte desde la universidad, al aprendiz de político manejable, el "jodido" al que se le ayudó hasta para comprar ropa, para después, cual títere, llevarlo con facilidad a realizar todo lo que legal o ilegalmente estuviera a su alcance, con el fin de asegurar el futuro de ellos y de todos sus cercanos con apellido Macías, Tubilla, Ramírez, Mansur y Letayf, entre otros».

¿Es posible que suceda esto en nuestro país?

¿Es posible que a nuestras niñas se les enseñe, como dice la reportera, a encontrar un «jodido» con posibilidades políticas para empujarlo, guiarlo al abismo de la corrupción?

Sí, lo es. Y lo será con mayor frecuencia por el ejemplo de impunidad de Karime viajando con su parentela a Europa a disfrutar de lo que robaron.

■ IA

[28] *Diario de Xalapa*, 27 de octubre de 2016.

Un gobierno tomado

En una Guardia de Honor a los Héroes de la Independencia, realizada el 16 de septiembre de 2014 en el Monumento a Miguel Hidalgo y Costilla, en Xalapa, el gobernador de Veracruz se presentó borracho.[29] Unas horas antes había presidido el acto de conmemoración del Grito de Independencia, realizado en Palacio de Gobierno, y después disfrutó del *show* que ofrecieron los Tigres del Norte. Durante el acto solemne, los periodistas se dieron cuenta del estado etílico en que se encontraba. Los reporteros de la fuente lo cuestionaron sobre la visita que al día siguiente haría al estado el presidente Enrique Peña Nieto. Duarte contestó que era con motivo de la construcción de la autopista Tuxpan-Veracruz, cuando en realidad era la México-Tuxpan. Al darse cuenta de su equivocación, se limitó a decir: «Añejo anhelo y todo está padrísiiimoooo». En su discurso, con voz ronca y *aguardientosa*, como decimos coloquialmente los veracruzanos, Duarte habló pausadamente. Los medios de comunicación estatales no publicaron nada debido a los convenios gubernamentales que tenían pactados con Comunicación Social del Estado, pero el audio se difundió en las redes sociales. En él, al final de la entrevista, se escucha a una reportera preguntándole si se había desvelado la noche anterior.

Si los primeros cuatro años de la administración de Duarte había sido malos, los últimos dos fueron desastrosos. Durante 2015 la capital del estado, Xalapa, se convirtió en una ciudad

---

[29] //www.youtube.com/watch?v=aAajZMwok78

sitiada por los bloqueos que exigían respuesta a las autoridades estatales por la falta de pago de salarios y a proveedores, así como justicia ante los asesinatos y las miles de desapariciones. La lista de agravios y de afectados era extensa.

Hubo una manifestación que hizo tocar fondo a la administración duartista. El 23 de diciembre de 2015, un día antes de la Nochebuena, los jubilados y pensionados salieron a la Plaza Lerdo, en el corazón de Xalapa, para exigir el pago de los meses atrasados, pues su situación ya era crítica, no tenían para comprar alimentos ni medicinas. A la plaza llegaron adultos mayores en sillas de ruedas y en muletas, desesperados por la omisión y el olvido. Al lugar también arribaron grupos de policías antimotines con la instrucción de retirar a los ancianos de la plaza. Durante las administraciones de Fidel Herrera y Javier Duarte nunca se retiró a los integrantes de los 400 Pueblos durante las manifestaciones que hicieron desnudos, provocando caos en el primer cuadro de la ciudad. Tampoco a los integrantes de Antorcha Campesina o a grupos del extinto Partido Estatal Cardenista. Pero a los más débiles y vulnerables les mandaron el grupo antimotines para retirarlos a toletazos y empujones.

Ese día, ante el escándalo y repudio por la agresión a los ancianos, la orden se la adjudicó el secretario de Gobierno, el doctor Flavino Ríos Alvarado, quien posteriormente sería detenido y encarcelado en el penal de Pacho Viejo por haber prestado presuntamente una aeronave, propiedad del gobierno del estado, a Javier Duarte en su fuga. No negamos la amistad con Flavino, a quien tuvimos la confianza de manifestarle que quien había dado la orden de enviar a policías para retirar los jubilados y pensionados había sido el secretario de Seguridad Pública, Arturo Bermúdez Zurita, y no el secretario de Gobierno. La respuesta de Flavino fue contundente: «Me lo pidió el gobernador». Ese día comprendí la postura institucional del funcionario, quien había intentado mantener la calma en el estado y evitar a toda costa la ingobernabilidad. Algo que desde hacía mucho ya se había dado.

Mientras golpeaban y empujaban a los adultos mayores en el centro de Xalapa, se realizaba una sesión en el Congreso de Veracruz donde se abordó este tema. Desde la tribuna, el entonces diputado local del PRI por Xalapa, Ricardo Ahued Bardahuil, defendió a los jubilados y pensionados, a quienes les estaban dando un trato de delincuentes, cuando tenían razón de exigir el pago de sus pensiones. Lanzó un llamado al gobernador para que atendiera la exigencia de los veracruzanos y no usara la fuerza pública como medida represiva ni tratara a los jubilados como «pordioseros».

La razón en el atraso de los pagos de las pensiones a jubilados y pensionados era la quiebra financiera del Instituto de Pensiones del Estado (IPE), dependencia estatal saqueada desde la administración de Fidel Herrera, quien de manera ilegal tomó las pensiones de los veracruzanos para bursatilizarlas y obtener préstamos para el estado. Esos recursos no fueron aplicados para el desarrollo de obra pública, infraestructura, ni en salud o educación, sino para la cuenta personal de Fidel y Javier Duarte. Resulta inaudito que el dinero de un trabajador, que cotizó por más de 30 años al IPE para poder jubilarse, haya desaparecido de las arcas estatales. Hasta hoy, no hay culpables de este quebranto financiero.

Al gobierno estatal se le descuenta 76 por ciento de su presupuesto anual para cubrir el pago de deuda. Esta cifra no deja margen para moverse, ni permite el desarrollo de un estado. Lo que resta es para obra pública, salud, educación y pago de nómina burocrática.

¿Cómo pudo Javier Duarte, quien presumía de un doctorado en Economía, endeudar tanto a Veracruz? Nadie podía explicarlo. Si Veracruz era todos los días nota nacional, ¿por qué Enrique Peña Nieto nunca intervino para evitar el colapso de este estado? La respuesta solo el presidente la conoce.

Casi al final de su mandato intentó basificar a miles de aviadores en las diferentes dependencias. Su intención era colapsar Veracruz para así dejarle a su sucesor, Miguel Ángel Yunes Linares, graves problemas financieros y ponerlo en una situación insostenible.

Las pocas visitas que realizó Peña Nieto a tierras veracruzanas eran la nota, no por el evento, sino por los desaires que le hacía a Javier Duarte. Durante una entrega de reconocimientos a cadetes de la Heroica Escuela Naval de Antón Lizardo, ubicada en Alvarado, Veracruz, Peña Nieto no permitió que le tomaran la fotografía con el gobernador del estado ni que este se sentara junto a él. Antes de que los escándalos de corrupción envolvieran a Duarte, durante la campaña presidencial de 2012 el todavía candidato Peña Nieto asistió a varios mítines organizados por Duarte. Las fotografías de ese entonces mostraban la cercanía entre ambos políticos priistas.

Años más tarde, en agosto de 2016, cuando corría el rumor de que Javier Duarte dejaría la gubernatura, se realizó una reunión en Los Pinos[30] para formalizar la Creación del Sistema Nacional de Protección Integral de Niñas, Niños y Adolescentes. Peña saludó de mano a los gobernadores de San Luis Potosí, Jalisco, Sinaloa, Querétaro, Zacatecas, y al llegar al de Veracruz evitó darle la mano y solo le dio una palmada en el hombro, un gesto que significaba que la tolerancia y paciencia del presidente se habían agotado.

⌒⌒

Javier Duarte pasaba más tiempo en Casa Veracruz que en Palacio de Gobierno. Y esto era aprovechado por su gabinete. Los negocios realizados por los funcionarios de primer nivel florecieron en todas las dependencias. Existen casos emblemáticos,

---

[30] http://www.sinembargo.mx/19-08-2016/3082343

como el del exoficial mayor de la Secretaría de Educación, Édgar Spinoso Carrera, quien otorgó a sus empresas, representadas por prestanombres, contratos para proveer papelería y equipo de oficina. En el historial del hoy diputado federal por Martínez de la Torre está su presunta vinculación con células delictivas en la zona de Vega de Alatorre y el sur del estado, principalmente en el área costera de Veracruz. Su fortuna se compone de aviones, helicópteros, hoteles, terrenos y residencias en exclusivos fraccionamientos de Veracruz y del país, además de departamentos en Miami, Estados Unidos.

Un día, al bajar de la aeronave oficial en el aeropuerto El Lencero, Duarte observó un nuevo avión y preguntó al encargado de quién era esa nueva adquisición. El empleado le dijo que era propiedad del oficial mayor de la SEV. Al conocer esto, Duarte dio la orden de insertar en el *Diario de Xalapa*, medio de comunicación al servicio del gobierno en turno, una nota dando a conocer el fulminante despido de Spinoso Carrera, diciendo que era por haber traicionado la confianza del gobernador de Veracruz. Meses después, pasado el enojo, Duarte permitió que Spinoso Carrera fuera candidato del PRI a la diputación federal por el distrito de Martínez de la Torre. La condición para él y todos los demás candidatos era que cada aspirante debía costear su propia campaña. Para ganar su distrito, Spinoso Carrera tuvo que gastar cerca de 200 millones de pesos; a varios mítines realizados en comunidades en extrema pobreza llegó en su flamante helicóptero rojo.

El actual gobernador de Veracruz, Miguel Ángel Yunes Linares, interpuso una denuncia en contra de Spinoso Carrera por enriquecimiento ilícito y puso al descubierto muchas propiedades a nombre de su esposa, Elvia Carlota Besil Sampieri, y de su suegro, Carlos Besil Milán. Como goza de fuero constitucional por ser diputado, Spinoso Carrera no ha sido detenido, vive en Houston, Texas, y vuela en su aeronave cuando es necesario asistir a las sesiones del Congreso federal.

El 19 de febrero de 2016, el Auditor Superior de la Federación, Juan Manuel Portal Martínez, entregó a la Cámara de Diputados los resultados de la Cuenta Pública 2015, en la que se daba cuenta de que Veracruz registraba desvíos por más de 35,000 millones de pesos. En el programa matutino de noticias de Televisa con Carlos Loret de Mola, el titular de la Auditoría Superior de la Federación (ASF) aseguró categóricamente que el estado con mayor monto de desvíos de recursos y anomalías detectadas era Veracruz. Con esto desmentía a Duarte, quien había negado los resultados de la ASF sobre la Cuentas Públicas no solventadas de 2011, 2012, 2013, a las que ahora se sumaba 2014. Los desvíos de recursos se dieron principalmente en las secretarías de Educación, de Seguridad Pública y en el Seguro Popular. Al responsable de este último programa, Leonel Bustos Solís, un juez le giró una orden de aprehensión por las irregularidades cometidas. Además de los desvíos, la administración de Duarte pretendió engañar a la ASF al simular reintegros de recursos no justificados para solventar las observaciones hechas por el ente fiscalizador. Portal Martínez explicó que los recursos eran ingresados a la Tesorería, se notificaba a la ASF del reintegro y una vez que la Auditoría daba por buena la transacción, los volvían a sacar y los depositaban en otras cuentas.

Los resultados de la Cuenta Pública también establecieron un presunto daño patrimonial de 14,000 millones de pesos en el sector educativo, en el que se afectó el pago de salarios a los maestros y el otorgamiento de becas. Dan cuenta también de un quebranto al Instituto de Pensiones del Estado, así como de una malversación de fondos en la Secretaría de Seguridad Pública, en ese entonces a cargo de Arturo Bermúdez Zurita, quien actualmente está preso en el Penal de Pacho Viejo, como presunto responsable del delito de enriquecimiento ilícito. La Cuenta Pública 2015 evidencia el desastre financiero de Veracruz.

El Congreso del estado, en sesión histórica el 2 de noviembre 2016, tres días antes de la entrada de la nueva legislatura, aprobó el dictamen, reconociendo un daño patrimonial de 16,175,000,000 de pesos en el Ejercicio Fiscal 2015. Esa misma legislatura, cuando los tiempos políticos eran otros, había aprobado las cuentas públicas de los años anteriores, pasando por alto las observaciones que había formulado la ASF.

■ CG

Sordos ante la muerte de periodistas

Hay una diferencia abismal entre ser empresario periodístico y ser periodista. Varios dueños de medios de comunicación en Veracruz son políticos y/o exservidores públicos. A falta de trabajo gubernamental fundan un medio impreso o en Internet para seguir en la tribuna pública. La mayoría de ellos, por su inexperiencia y ambición de querer hacer dinero rápidamente, difunden boletines y publicidad oficial. Fuimos testigos de las incursiones que tuvo Karime en el periodismo al redactar artículos de opinión. Dichas colaboraciones las firmó con su nombre de soltera, Karime Macías Tubilla. Inició sus contribuciones en el periódico más viejo de Veracruz, *El Dictamen*. Su columna, titulada «Casa Veracruz», abordaba temas sociales y de género, y compartía sus experiencias como presidenta del DIF. Empezó con temas que «pasaban por su escritorio» para luego retomar temas políticos o bien anécdotas personales y familiares. El motivo de estas colaboraciones en la prensa, se rumoreó entonces, era que Karime pretendía obtener una candidatura para diputada federal, intención que solo se quedó en proyecto.

Durante la administración de Javier Duarte 19 periodistas fueron asesinados en el estado, con el desinterés del gobernador por buscar a los responsables y dar garantías al gremio para ejercer con seguridad su profesión. La lista de asesinados inicia con un amigo entrañable, Miguel Ángel López Velasco, mejor conocido como Milo Vela, quien era columnista estrella del periódico porteño *Notiver*. Fue ejecutado a mansalva junto con su esposa e hijo, quien también era reportero del mismo medio impreso. Cobardemente, sus agresores esperaron a que llegara a su casa, se durmiera y en la oscuridad de la noche entraron para asesinarlos. Se dijo que el triple homicidio había sido perpetrado por el crimen organizado, pero el modo de actuar de los asesinos no coincide con las reglas no escritas de los narcotraficantes.

Los nombres de los colegas asesinados tienen la misma constante: impunidad. Como la muerte de Anabel Flores Salazar, de 27 años y madre de dos bebés, asesinada el 9 de febrero de 2016. Era reportera del periódico *El Buen Tono* y de *El Sol de Orizaba*. Un grupo de hombres armados, vestidos de militares, la secuestró la madrugada del lunes 8 de febrero cuando se encontraba en su domicilio. La reportera fue hallada muerta en un paraje en el municipio de Tehuacán, Puebla. La investigación sigue abierta.

Rubén Espinosa, 31 años, corresponsal de *Proceso* y *Cuartoscuro* en Veracruz. Asesinado el 31 de julio de 2015. Había huido de Veracruz semanas antes, tras denunciar amenazas; fue asesinado cuando visitaba a unas amigas en un departamento de la Colonia Narvarte, por presuntos franeleros ladrones, según el informe oficial de las autoridades de la Ciudad de México. La investigación sigue abierta.

Juan Mendoza Delgado, 46 años, director del portal *Escribiendo la verdad*. Fue reportado como desaparecido el 1 de junio de 2015. Su cuerpo, atropellado, fue hallado al día siguiente. La investigación sigue abierta.

Armando Saldaña Morales, 53 años, periodista de la estación *La Ke Buena*. Fue asesinado el 4 de mayo de 2015. Su cuerpo fue encontrado con cuatro balazos y huellas de tortura en los límites de Oaxaca y Veracruz. La investigación sigue abierta.

Moisés Sánchez Cerezo, 49 años, director del periódico *La Unión*. Fue secuestrado el 2 de enero de 2015. Su cuerpo apareció el 24 de enero, decapitado. El gobernador Javier Duarte lo describió como «un taxista», desconociendo su actividad periodística. Omar Cruz Reyes, presidente municipal de Medellín, fue acusado de ser el autor intelectual de su homicidio; meses después fue exonerado de la imputación. El caso sigue abierto.

Octavio Rojas Hernández, corresponsal del periódico *El Buen Tono*, fue ejecutado el 12 de agosto de 2014 en su casa en Cosolapa, Oaxaca, en la frontera con Veracruz. El caso sigue abierto.

Gregorio Jiménez de la Cruz, 43 años, reportero del diario *Notisur*. Desapareció el 6 de febrero de 2014. Su cuerpo fue encontrado seis días después. El gobernador Javier Duarte dijo que fue asesinado por «problemas personales»; sus familiares aseguraron que fue por publicar un reportaje. Actualmente hay cinco detenidos acusados de secuestro y homicidio. El caso sigue abierto.

Sergio Landa Rosales, periodista del *Diario de Cardel*, fue secuestrado el 26 de noviembre de 2012 y se halla desaparecido desde entonces. El caso sigue abierto.

Miguel Morales Estrada, 35 años, fotógrafo del *Diario de Poza Rica*, desapareció el 25 de julio de 2012. El caso sigue abierto.

Víctor Manuel Báez Chino, 46 años. Reportero del portal *reporterospoliciacos.com*. Desapareció el 13 de junio de 2012; su cuerpo, mutilado, fue recuperado un día después. Al igual que en los demás casos, el gobierno culpó al crimen organizado de su homicidio. A la fecha se desconoce el motivo de su muerte. El caso sigue abierto.

Guillermo Luna Varela, 21 años, fotógrafo de *Notiver*; Gabriel Huge Córdova, 37 años, fotógrafo de *Notiver*; Esteban Rodríguez, 30 años, reportero del periódico *AZ*, y Ana Irasema Becerra Jiménez, 33 años, empleada administrativa de *El Dictamen*. Sus cuerpos fueron encontrados en bolsas de basura el 3 de mayo de 2012, coincidentemente en el Día Mundial de la Libertad de Prensa. Las autoridades culparon a supuestos narcotraficantes de los cuatro homicidios y cerraron el caso. Los detenidos fueron presentados con las credenciales de los asesinados. A la fecha se desconoce el motivo de su muerte.

Regina Martínez Pérez, 48 años. Corresponsal de *Proceso*. Fue estrangulada en su casa el 28 de abril de 2012. Las autoridades locales concluyeron que fue víctima de un robo y/o un crimen pasional. El gobierno local nunca investigó si su muerte estuvo relacionada con su trabajo por la investigación sobre enriquecimiento ilícito de exfuncionarios estatales en Veracruz.

Yolanda Ordaz de la Cruz, 48 años. Reportera de *Notiver*. Desaparecida el 24 de julio de 2011. Su cuerpo, decapitado, fue encontrado dos días después. Se culpó a un presunto narcotraficante de su asesinato. A la fecha no se ha resuelto el caso.

Misael López Solana, 21 años, fotógrafo de *Notiver* e hijo de Miguel Ángel López Velasco. Asesinados por un comando armado el 20 de junio de 2011 en su casa en el Puerto de Veracruz. Se culpó a un presunto narcotraficante de su muerte. A la fecha no se ha resuelto el caso.

Noel López Olguín, 45 años. Trabajaba para *Horizonte*, *La Verdad* y *Noticias de Acayucan*. Desapareció el 8 de marzo de 2011. Su cuerpo fue encontrado el 1 de junio de ese mismo año. Se culpó a un presunto sicario de su muerte. A la fecha no se ha resuelto el caso.[31]

El saldo de periodistas asesinados en el duartismo es de 19. Uno más se ha sumado en la actual administración de Miguel Ángel Yunes: se trata de Ricardo Monlui Cabrera, columnista de varios medios de comunicación en el estado. También está la agresión con arma de fuego sufrida por Armando Arrieta Granados, jefe de Información del periódico *La Opinión* de Poza Rica, quien, hasta antes del cierre de la edición de este

---

[31] http://regeneracion.mx/los-15-periodistas-asesinados-en-veracruz-con-duarte/

libro, se encontraba en terapia intensiva en un hospital del Puerto de Veracruz luchando por su vida.

⌇

Las autoridades, en lugar de resolver los crímenes de periodistas, se dedicaron a manchar su imagen, involucrándolos con los cárteles de la droga o inmiscuyéndolos en presuntas redes de corrupción. A toda costa quisieron encubrir que los asesinaron por su actividad periodística. Cuando las justificaciones delincuenciales no fueron suficientes, recurrieron al ámbito personal y clasificaron los crímenes como pasionales. El gobierno de Javier Duarte pagó notas tendenciosas fabricadas desde el Palacio de Gobierno. Destruir la moral y reputación de los muertos fue su objetivo.

Durante una reunión con periodistas de la zona norte del estado, y en especial de Poza Rica, con motivo de la conmemoración del Día de la Libertad de Expresión, el hoy exgobernador preso les hizo una «recomendación» a los colegas: «Se los digo a ustedes, por su familia, pero también por la mía, porque si algo les pasa a ustedes, a mí me crucifican todos [sic]. Pórtense bien, todos sabemos quiénes andan en malos pasos, dicen que en Veracruz solo no se sabe lo que todavía no se nos ocurre. Todos sabemos quiénes, de alguna u otra manera, tienen vinculación con estos grupos… Todos sabemos quiénes tienen vínculos y quiénes están metidos con el hampa… ¡Pórtense bien, por favor!, se los suplico. Vienen tiempos difíciles». Y remató el ocurrente mandatario estatal con una amenaza: «Vamos a mover el árbol para que caigan las manzanas podridas».

En dicho evento, realizado en Boca del Río, en junio de 2012, a Duarte se le ocurrió fundar la Comisión para la Atención y Protección de Periodistas, con una estructura burocrática que contempla consejeros, una Secretaría Ejecutiva y una Presidente Consejera. A la fecha, son cerca de 60 periodistas los integrados al mecanismo de protección de este órgano estatal autónomo, que brinda asesoría legal, vinculación y petición de protección policiaca. El objetivo es bueno, sin embargo, el perfil de quienes integran dicha comisión no es el adecuado.

Un ejemplo del desprecio que tenía la administración de Duarte por los periodistas, es el del exsecretario de Seguridad Pública, Arturo Bermúdez Zurita, quien, durante una comparecencia en el Congreso y sin percatarse de que los micrófonos estaban abiertos, dijo: «Pinches medios», cuando los reporteros le tomaban fotografías.

El gobernador, quien aseguraba no leer los periódicos, se encargó de manipular a una prensa oficialista y servicial, otorgándole grandes convenios de publicidad, tal como lo hizo su antecesor, Fidel Herrera Beltrán, quien convirtió en millonarios a muchos empresarios de medios de comunicación. Edificios, autos, rotativas, placas de taxi y hasta notarías fueron entregados a empresarios periodísticos con la finalidad de que fueran aliados y callaran lo que ocurría en Veracruz. También para que se convirtieran en sicarios de la información y atacaran a los opositores políticos, como Miguel Ángel Yunes Linares. Ahora, ya como gobernador, Yunes Linares ha declarado la nula contratación de convenios con medios de comunicación, por la precaria situación económica de la entidad federativa.

Ante el cierre de la llave monetaria por parte del gobierno del estado, varios medios de comunicación impresos, como los periódicos *Punto y Aparte*, *Política*, *Centinela* y *Marcha*, así como los portales virtuales como *Veracruzanos.info* y *Radiover*, entre otros, han cerrado sus puertas. Los que siguen publicando están demostrando que continúan circulando gracias a su público lector y no al auspicio monetario desmedido de anteriores administraciones estatales. Tan solo al periódico *Centinela*, medio que se regalaba en las esquinas del centro de Xalapa, le pagaban hasta 8 millones de pesos mensuales. El diario *AZ*, que fue incondicional de Fidel Herrera y Javier Duarte, al término de la administración sexenal exigía el pago de 77 millones de pesos. Dilapidar dinero de esa manera es parte de la tragedia financiera que hoy viven los veracruzanos.

Un hecho reprochable fue el ataque al periódico *Veraz*, medio digital que ha estado abierto durante diez años de manera ininterrumpida, orquestado por integrantes de los 400 Pueblos, quienes arrojaron piedras y huevos, destruyendo todo el mobiliario y los sistemas de cómputo. Estas agresiones fueron financiadas por Javier Duarte y su brazo ejecutor, Gerardo Buganza Salmerón, exsecretario de Gobierno y actual diputado local. No conformes con el primer ataque, en 2014, los 400 Pueblos nuevamente se manifestaron de forma agresiva en nuestro domicilio particular, durante cuatro días, con la protección de Duarte a través del secretario de Gobierno y hoy diputado federal, Érick Lagos Hernández.

Colegas que fueron amenazados por grupos delincuenciales y por políticos del gobierno de Javier Duarte emigraron del estado para salvar sus vidas. Son más de 40 los periodistas autoexiliados porque en Veracruz no se cuenta con las condiciones para ejercer el periodismo de manera segura. El Gobierno Federal no es ajeno a esta inseguridad, pues ha participado en la omisión de garantizar el libre ejercicio de la profesión. Los mecanismos federales como la FEADLE (Fiscalía Especial para la Atención de Delitos cometidos contra la Libertad de Expresión) y otros integrados a la Secretaría de Gobernación y PGR para atender las agresiones y amenazas a periodistas en todo el país, no están funcionando de manera rápida y eficaz, dejando a las víctimas, como en el caso de Veracruz, en el desamparo.

■ CG

CAPÍTULO 7

Si uno no se apura a cambiar el mundo,
es el mundo quien lo cambia a uno...

La llave de la felicidad

En una de sus pocas columnas, colaboraciones escritas en este formato que eran publicadas en diarios de Veracruz que pueden rescatarse en redes sociales, Karime Macías afirma, textualmente, que a la manera de Mafalda «que no tenía el modelo de la llave de la felicidad, al comenzar este sexenio no había modelo alguno en materia de seguridad».

Esto escribía al principio del cuarto año de gobierno de Javier Duarte.

Continúa: «Ha llevado tres años de trabajo diario, de invertir recursos públicos (que es dinero de los veracruzanos), de formar y equipar policías confiables, de armar estrategias regionales en colaboración estrecha entre Gobierno Federal, Gobierno Estatal y Gobiernos Municipales y de dedicarle 24 horas al día al tema para lograr avances. Desde mi óptica lo hemos hecho juntos, gobierno y sociedad…».

De donde debemos inferir que Karime estuvo inmersa en el tema de la inseguridad y de la policía, casi desde que a punto de comenzar una reunión nacional de procuradores le tiraron cuerpos a pocos metros a su marido, justo en el centro de Boca del Río.

El 20 de septiembre de 2011 fueron arrojados 35 cuerpos a los que acompañaba una manta que decía que eran zetas y que Veracruz ya tenía nuevo dueño… lo que venía a abonar sobre el rumor de que Fidel Herrera Beltrán habría negociado, o entregado la plaza, como se prefiera, al grupo criminal de los Zetas. En sus diarios, Karime lo nombra: «Z1». Tal vez celosa, en la memoria, del afecto que le tuvo Rosa Borunda a su marido, decisivo para que fuese candidato y, por supuesto, gobernador.

Este grupo criminal, se dice, controla buena parte del territorio de Guatemala. Mera coincidencia.

Este acto violento, tremendo, se dio en la víspera de la Reunión Nacional de Procuradores, lo que acrecentaba su fuerza. Y también su mensaje.

Por este motivo, además de los disparos contra su casa, renunció el general Sergio López Esquer, que había sido titular de la Secretaría de Seguridad Pública con Fidel Herrera Beltrán, y había sido ratificado en ese puesto por Duarte.

Esto abrió el espacio para Arturo Bermúdez Zurita, que había sido, no reírse, secretario particular de Duarte cuando este último era secretario de Finanzas del anterior gobierno. Aunque se decía que también estaba en el tema de las «investigaciones políticas».

¿Experiencia policiaca? Ninguna. Pero parecía policía… *policía chino*, pues.

Sin embargo, si se lo hubiesen permitido, con esa dedicación que Karime tuvo durante tres años, hubieran logrado tener la mejor policía del país.

Esto porque partieron del grupo especial que creó, un GAFE a la manera de las fuerzas armadas, el general López Esquer en el sexenio anterior, para diseñar una nueva policía, llamada Fuerza Civil, que llegó a ser la mejor entrenada y la mejor equipada del país. Disciplina, capacidad, entrega, los integrantes de esta «policía» igual manejaban una lancha o una motocicleta, tenían conocimientos teóricos y equipo táctico, eran el sueño de cualquier gobernador… ni siquiera tenían turnos, sino que trabajaban un mes por cinco días de descanso.

¿Qué sucedió para que fracasara estrepitosamente el tema de seguridad? Para que Veracruz fuese el estado más inseguro, para lo que debió descartarse la frivolidad de Duarte hablando de pastelitos como botín de los ladrones.

Aconteció que Duarte utilizó el presupuesto, el dinero para esta policía, para asuntos personales. Que los dejó sin recursos.

Así, la nueva policía estaba conformada por 2,000 elementos. Con todo el equipo moderno, incluyendo helicóptero y un vehículo de ataque similar al del presidente de Estados Unidos, con francotiradores entrenados, con personal capacitado para desarmar bombas, todo lo que se pueda imaginar… menos dinero, ni para la gasolina.

No hubo durante todo el gobierno dinero para profesionalizar y/o depurar a los otros 8,000 policías del estado. Que todos, incluyendo a Bermúdez, sabían que estaban al servicio de los criminales. Como tampoco lo hubo para que los municipios pudiesen profesionalizar a sus policías o, siquiera, correr a los delincuentes con placas.

Lo que existe hoy, además de este naufragio de Fuerza Civil, es un montón inmenso de acusaciones en su contra, incluso de levantar y asesinar personas.

Así de simple: esos tres años en busca de un «modelo de seguridad» no dieron frutos porque todo el dinero se lo robaron.

Y porque el desánimo vigente, la frustración, la imposibilidad diaria de los mandos policiacos devinieron en un manicomial descuido respecto a lo que hacían muchos de sus elementos.

Para algunos no fue ninguna sorpresa que Arturo Bermúdez haya declarado ante la PGR que el entonces secretario de Finanzas, Tarek Abdalá, le ordenó por teléfono «desviar millones de pesos provenientes del presupuesto federal» a través de su secretaría. Cuando no podían hacer rondines porque no había gasolina, cuando no podían hacer operativos en el interior del estado porque no había dinero para viáticos.

De acuerdo con *Animal Político*, en la secretaría que encabezaba Arturo Bermúdez fueron desviados 873 millones de pesos de presupuesto federal, que fueron metidos a la «licuadora» de finanzas y terminaron en los negocios de la pareja Duarte.

El exsecretario de Finanzas es un personaje muy publicitado en Veracruz y hoy se desempeña como diputado federal por el Partido Verde. A él lo acusa el fiscal Winckler de haber dispuesto de 315 millones de pesos de la Cuenta Pública de 2015, etiquetados por la Federación para el Sector Salud. Que el diputado federal dice, y hay que creerle, que se utilizaron en el pago de policías y otros servidores públicos, así como de proveedores.

Por cierto, Tarek Abdalá sucedió en el puesto al ahora diputado local, Vicente Benítez, a quien le encontraron los 25 millones de pesos (dicen que eran muchos más) en el aeropuerto de Toluca, por lo que tuvo que renunciar. Existe una petición de desafuero al diputado para que pueda ser ejercida la orden de aprehensión en su contra en Veracruz, que hasta abril de 2017 no había progresado por decisión de los diputados priistas.

Los problemas de finanzas del estado fueron públicos. En noviembre de 2016 el titular de la Auditoría Superior de la Federación (ASF), Juan Manuel Portal, declaró que las irregularidades de Veracruz eran las más altas en la historia de esa dependencia, sumando 35,000 millones de pesos. Que, obviamente, quiero pensar, no se juntaron de la noche a la mañana. Por ese motivo, los desfalcos, las irregularidades, todo lo que encontró la ASF, hubo 54 denuncias penales ante la PGR. Ninguna de ellas fue tomada en cuenta hasta que Duarte salió del gobierno.

Estamos hablando de 35,000 millones de pesos. Y en Veracruz no había dinero ni para pagar sueldos o la pensión de los viejitos o el dinero de la Universidad. Tan solo, según la ASF, en 2015 el gobierno de Duarte recibió recursos federales por

50,989 millones de pesos. Y no pudo comprobar en qué gastó 7,706 millones. ¿Pensaría que eran como una comisión, un 15 por ciento para su bolsillo?

En abril de 2017, la ASF declaró que faltan más de 28,000 millones de estas cuentas públicas de Veracruz auditadas. Y aseguró que la mayor parte de ese dinero fue manejado ilegalmente en los dos últimos años del gobierno de Javier Duarte. La buena es que encontraron como 7,000 millones de los 35,000 que habían señalado.

Cifras que siguen variando, porque cada día le van encontrando mayor número de faltantes.

Antes, en marzo de 2013, legisladores panistas encabezados por el hijo del actual gobernador interpusieron una denuncia penal en la PGR por el desvío de 5,000 millones de pesos. Tampoco se investigó.

¿Por qué el gobierno de la República, la Presidencia, la Secretaría de Gobernación, la PGR, no actuaron contra Duarte con todos estos elementos probatorios?

En Veracruz no había dinero. Ni un centavo disponible. Y eso lo sabía muy bien, lo había padecido, Bermúdez cuando recibió esa llamada a mediados de 2014. Tres años para crear un «modelo de seguridad» y tres años para destruirlo desde adentro.

Karime, durante todo el mandato de su marido, controló la comunicación social de todo el gobierno, con su prima Córsica siguiendo sus directrices. Incluyendo la de la Secretaría de Seguridad Pública. Bermúdez tuvo que cerrar hasta su cuenta de Facebook personal por instrucciones de ella.

¿Bermúdez también hizo negocios? Eso dice la acusación de la Fiscalía de Veracruz que lo puso en prisión en Xalapa.

«Así como el gobierno está obligado a proveernos de ciertos servicios básicos, entre ellos la seguridad como una premisa fundamental, así los ciudadanos estamos obligados a actuar bajo ciertos valores que van desde no tirar basura en la calle hasta pagar el recibo del agua, respetar las leyes y dirigirnos con respeto unos a otros», finalizaba su columna Karime Macías de Duarte.

Perdón, Karime Macías Tubilla, porque en ese tiempo se distanció de Javier y comenzó a usar sus apellidos de soltera, tanto como firma en sus publicaciones como en los actos oficiales.

¿Tenía Karime amantes? ¿Le era infiel Javier?

Y también, en este tiempo de ruptura, estuvo a punto de escribirse una salida diferente, porque la madre de Javier, Cecilia de Ochoa, empezó a tener muchos espacios públicos en temas de asistencia social... para hacerse cargo del DIF. Y el nombre de Karime se manejó como precandidata a una diputación federal por Coatzacoalcos.

A recordar que, en sus diarios, escribió que debía exprimir al DIF aunque le daba, textualmente, hueva hacerlo...

No obstante, ganaron los intereses económicos. No se podía desmantelar la «organización» de lavado de dinero, no había cómo repartir las residencias... Siguieron juntos, hasta Guatemala.

El saldo rojo del gobierno de Duarte es inconmensurable. Y le pertenece en responsabilidad, a la mitad por lo menos, a Karime.

Las primeras veces hubo asombro en las oficinas correspondientes de la Ciudad de México, luego se acostumbraron: muchas reuniones de seguridad, con participación de las autoridades federales, las encabezaba Karime.

¿Por qué muertos comenzamos la lista? ¿Por los periodistas? ¿Por los levantados? ¿Por los secuestrados? ¿Por la rutina de impunidad?

El aumento en los homicidios en su sexenio, según investigación del portal de Internet, *Animal Político*, fue de 158 por ciento. Lo que superó todas las cifras de este siglo. De acuerdo con el Sistema Nacional de Seguridad Pública, durante el gobierno de Duarte se cometieron 4,296 asesinatos.

Veintidós, veinticuatro, veinticinco según distintas cuentas, periodistas fueron primero levantados y luego asesinados en su gobierno. Incluso faltan cadáveres por aparecer. Con total impunidad. A reclamar el asesinato de Regina Martínez, corresponsal del semanario *Proceso* en Veracruz, llegó Julio Scherer, fundador de la revista, a Veracruz. Lo recibió Javier Duarte… sin Karime. Ahí escuchó, sin poder responder: «La muerte de Regina Martínez es producto de la descomposición del estado y del país. Queremos saber qué es lo que hay debajo de esa superficie, aunque en suma, señor gobernador, no les creemos».

Era, apenas, mayo de 2012. La pesadilla de ser periodista en el Veracruz de Javier Duarte comenzaba.

Veracruz encabeza las cifras de desaparecidos en nuestro país, especialmente de mujeres; baste revisar el drama de sus familiares buscando sus restos en diversas fosas clandestinas, de las que una tiene el deshonor de ser la más grande del país. Y según pasa el tiempo, siguen apareciendo estos cementerios clandestinos. El horror en su expresión más abominable. En promedio tres, sí, tres personas desaparecieron cada día del sexenio de Javier y Karime Duarte.

Son cifras que enlutaron a miles de familias.

Así, en seco, a Karime, como quería ser llamada: «Les aseguro que paso más tiempo en *jeans* y tenis, atendiendo temas de trabajo o en ocupaciones de mamá, que en tacones o en eventos de sociedad… cada vez que me hablan de manera formal, interrumpo para pedir que por favor me digan Karime». Parece que lo consiguió. Karime, sin apellidos, tiene el 50 por ciento de responsabilidad en estas muertes.

———✦———

La frase de Mafalda: «O nos apuramos a cambiar el mundo, o es el mundo el que lo cambia a uno», verdaderamente la obsesionaba. En otro de sus escritos, aseveraba: «… Habrá que apurarse, chicas, no vaya a cristalizarse el dicho de Mafalda y sea el mundo el que nos cambie y terminemos sentadas en un café maldiciendo a aquellos extraños seres a los que llaman políticos». Supongo que no incluiría a su marido. Supongo.

En otra de las pocas publicaciones que existen, todavía, en Internet, se puede leer que Karime copiaba a Benjamín Franklin... en la organización de su tiempo.

Se quejaba de la culpa que le provocaba una siesta de 20 minutos... y decía que el tiempo era su mayor lujo: «Tiempo para mis hijos, tiempo para leer, tiempo para ir al cine, tiempo para no hacer nada».

Afirmaba que el tiempo en su casa sí era de oro... lo que después vinimos a descubrir millones de mexicanos. La corrupción iba a contra reloj. Por eso se despertaban a las 5.30 de la mañana, o eso decía..., y como Franklin, desde el domingo en la tarde planeaba la semana con una «metodología para señalar los asuntos resueltos, los pendientes y los que estaban en proceso».

Obsesión que se vuelve muy obvia en la forma en que escribió sus diarios. En uno de ellos dibujando un mapa de dónde se encontraban todas sus casas en el mundo. O, mero ejemplo, hablando de los porcentajes que debían dar como mochada los constructores.

El tiempo, tenía razón, era de oro para los señores Duarte. Por eso Karime escribió: «Después de todo, ya habrá momento de disfrutar de la dicha inicua de perder el tiempo, como decía Leduc. Pero ahora no».

La casa perdía...

■ IA

Capítulo 8

Esto no se acaba hasta que se acaba…

La detención, la impunidad

¿Se cansó de huir?

Tal vez lo que más la agotó, hartó, fue no poder montar a caballo. Su vicio mayor.

Lo cierto es que detrás del pacto atrás de la captura de Javier Duarte en Guatemala, el Sábado de Gloria de 2017, está la mente de Karime. Hasta el último detalle. El dinero en sobres en el equipaje de mano de su cuñado, el alquiler de un avión privado para salir de Toluca cuando su madre, su hermana, sus hijos, sus sobrinos —quienes viajaron— residen en Chiapas, a unos cuantos kilómetros del escondite... o mejor dicho, del hotel de lujo donde decidieron ser encontrados.

¿Se hizo la víctima? O, por el contrario, fue su fuerza, su capacidad para «recuperar» el dinero-botín, para salvarlos del desastre lo que le «vendió» a su marido. Quiero creer que no necesitó mucho para convencerlo.

A partir de que se encontraron, en el inicio de la carrera de leyes en la Universidad Iberoamericana, Karime le hizo sentir a Javier Duarte que la inteligente, la hábil, la audaz, la que debía poner las directrices a un modelo de vida en común era ella. Y sin importar infidelidades, algunos dicen que mutuas, otros que de Javier únicamente, de los conflictos, de los pleitos que la llevaron a utilizar su nombre de soltera en buena parte del sexenio, Karime fue el capitán de un barco con las iniciales de ambos.

Era, fue siempre, un destino común.

Para ella, como para tantas mujeres mexicanas, el poder que obtenía su marido era, también, suyo. Para uso y usufructo. Sin límite.

Por eso se fue a esconder de las autoridades junto a él. Para poder controlar lo que seguía, el capítulo siguiente de su historia de «abundancia». No podía dejarlo solo.

Fueron seis meses y un día ausentes, huyendo, escondidos, que finalizaban desayunando juntos, los niños en el cuarto, los sobrinos, la hermana, el cuñado, la madre quién sabe dónde, los dos uniformados con una camiseta de manga larga —debe haber hecho frío frente al lago de Atitlán—, y un chaleco de plumas, de esos que puedes aplastar en tu maleta de mano. Sabedores ya de que en unas cuantas horas debían separarse.

Karime consiguió en ese pacto para que el exgobernador de Veracruz se entregara, que la Procuraduría General de la República declarara que ni ella ni su familia son investigados o tienen orden de aprehensión, por lo que, repito textualmente: «... ellos pueden moverse libremente por México o por el país que corresponda».[32]

Yo me pregunto qué papel juega el gobierno que encabeza Miguel Ángel Yunes en Veracruz. Porque fue él quien dio a conocer que en una bodega se habían encontrado los diarios de Karime Macías. Y fue él, también, quien dio entrevistas hablando del contenido de esos diarios. Donde, abiertamente, se refiere a los negocios que hicieron desde el gobierno. E, incluso, habla del porcentaje de dinero que debían entregarles quienes pretendían construir alguna obra.

---

[32] Declaraciones del subprocurador de Asuntos Internacionales, Alberto Elías Beltrán, en conferencia de prensa el 16 de abril de 2017.

Ahí hay constancia de sus casas en el extranjero, y sobre todo, de la visión empresarial que tuvo para «apropiarse» del presupuesto en su beneficio. El contador de Javier Duarte, indiciado también en la investigación, Juan José Janeiro Rodríguez, declaró en España ante la PGR que: «Karime Macías Tubilla obtuvo recursos del gobierno de Veracruz para beneficio personal». Esto constaría en los documentos entregados por la PGR al gobierno de Guatemala.

¿Qué más hay escrito en los diarios? Según el fiscal del Estado, Jorge Winckler, las autoras de este libro no podíamos tener acceso a los diarios, pese a la amistad de Claudia Guerrero con él, porque lo que ahí escribió tipificaba delitos y era parte de la investigación, por lo que habían sido entregados a la PGR.

¿Es posible imaginar, siquiera, que no encontraron, de su puño y letra, pruebas para ser acusada, también, de delincuencia organizada?

¿Cómo consiguió Karime ser «absuelta»? ¿Qué podemos esperar a partir del auto formal de «libertad» que le otorgó la PGR, para que libremente pueda viajar por el mundo? ¿Irá a visitar sus casas? ¿Recogerá dividendos de sus negocios en el extranjero? ¿Tiene dinero escondido en algún país que podrá recuperar libremente? ¿Tuvo tiempo para esconderlo? ¿Envió sus pinturas, muy valiosas, para ser vendidas?

En pocas palabras, ¿preparó su huida o, simplemente, tiene la capacidad de improvisar sobre la marcha?

Y el interrogante más importante: ¿seguirá su destino amarrado al de Javier Duarte?

¿Quién sabe dónde está? ¿Saldrá a dar una conferencia de prensa?

Terminó, abruptamente, el gobierno de Duarte. Y tuvieron que salir huyendo los dos. Aparentemente por Chiapas. Quién sabe si con ayuda de Mariano Herrán, quien se convirtió en abogado de los padres de Karime una vez que regresaron a vivir a esa entidad. Ahí encontraron a un familiar de ellos que llevaba dos pasaportes falsos… ¿Desde ese momento se gestó, en la mente femenina, la forma de pactar una entrega desde Guatemala?

Estuvieron huyendo, juntos, seis meses y un día. Duarte declaró ante el tribunal de Guatemala que todo ese tiempo lo pasó en ese país.

Yo tengo información de alto nivel, de las autoridades correspondientes, que lo vieron en España tomando el tren AVE desde o hacia Sevilla, pero no fue detenido por falta de respuesta de las autoridades mexicanas. Lo de la foto en Canadá todavía despierta mis dudas, pudo ser.

Resulta muy difícil aceptar que estuvo en Guatemala y no lo habían localizado antes, para encontrarlo tan «obviamente» en un hotel de lujo, frente al lago de Atitlán.

¿En esos meses, le habrá dado tiempo para operarse la nariz, su proyecto de vida al terminar el sexenio para el que fue electo Javier como gobernador de Veracruz?

El cabello, a juzgar por la fotografía, borrosa, donde estaban desayunando ambos el día de la detención en Panajachel, Guatemala, se lo cortó. Y seguía sin encontrar su «estilo». A veces alaciado con un secador, otras despeinado y alborotado, esponjado sin control.

¿Y el yoga? ¿Habrá seguido practicándolo, le habrá ayudado a controlar el miedo? O, puede ser, conociéndola, quizá nunca tuvo miedo, siempre supo cuál era el siguiente paso a dar, hasta llegar al mejor acuerdo respecto a la entrega a las autoridades.

¿Es famosa? ¿Le gusta toda la atracción que ejerce sobre las columnas políticas que pocas veces repararon en su persona?

¿Y los hijos? ¿Está más contenta ahora que los puede ver sin problema legal de por medio? ¿O habrá disfrutado su libertad, dado que no se le conoce una vocación materna destacada?

Pocas horas después de la entrega pactada, de que viéramos a Duarte en todas las pantallas de televisión sonriendo, caminando seguro junto a quienes lo detuvieron, Karime tomaba un avión desde Bogotá a Londres.

¿En verdad compró, con el silencio de su marido, tanta impunidad? Qué inmundicia por parte de la autoridad, del gobierno.

Todo indica que así fue.

La fotografía que apareció en las redes sociales el 20 de abril de 2017 la muestra, sin gota de maquillaje en el rostro, despeinada, vestida como monja arrepentida, en la sala de espera del aeropuerto de Bogotá, Colombia. Desde donde habría viajado en un vuelo de la aerolínea Delta hacia Londres. Iban con ella sus hijos, su madre, su hermana, su cuñado y sus sobrinos. Y otras tres personas, que podrían ser «ayudantes» o muchachas de la limpieza, nunca se sabe.

Con ella no existen casualidades. Así que incluso pudo haber sido intencional esta imagen y su posterior divulgación. Es, debe sentirse así, una triunfadora.

¿Dónde van a vivir en Londres? ¿Cerca de Salma Hayek, que también se fue a vivir a esa ciudad? ¿Qué va a ser de Javier solo, primero en Guatemala y después en México? ¿No va a visitarlo? ¿Va a confiar en que su marido pueda, solo, con la pesada carga que tiene encima? ¿Cómo entra este tiempo de «desgracia» en su proyecto de vida?

Todo indica que lo último, en esta etapa de su historia, que hizo por Javier Duarte, fue llevarle, o hacerle llegar, la camisa a cuadros con la que apareció en su primera comparecencia ante la autoridad de Guatemala, justo donde leyeron las declaraciones del abogado Alfonso Ortega López, en el expediente de la PGR con base en el cual piden la extradición, e implican a Karime en su red de corrupción.

Ortega López aseguró en su declaración ministerial que Karime le dio instrucciones en diciembre de 2012 para endosar en blanco las acciones de todas las empresas que este abrió en Estados Unidos para adquirir inmuebles, tiempos compartidos y la lancha italiana. Esto porque «querían resguardar sus inversiones y mantenerlas a salvo». Entonces llevaban, apenas, dos años en el poder.

Según otro de los cómplices, Juan José Janeiro, Javier Duarte mandó borrar, en septiembre de 2016, los registros contables porque no pudo comprobar el destino de 350 millones de pesos que habría recibido en 2012 del gobierno federal etiquetados para programas de Salud, Seguridad y Desarrollo Pesquero. Dinero que habría beneficiado a Karime, a través de las compras inmobiliarias de Moisés Mansur.

¿Por qué dejarla en total libertad?

Y aquí hablamos, responsabilidad mutua, por igual de Yunes que de la PGR. O, al final de cuentas, del que manda en el país.

La Fiscalía General del Estado de Veracruz tiene 777 denuncias interpuestas de enero de 2016 a febrero de 2017 contra funcionarios y exfuncionarios que colaboraron con Javier Duarte, perdón, bajo el mando de Karime Macías de Duarte, durante el tiempo que duró su gobierno. En marzo de 2017 se insistió en diversos medios de comunicación que la señora era investigada por «delincuencia organizada». La Procuraduría General de la República ha sido muy enfática en negar esto. No hay nada en su contra.

Al día siguiente de su viaje a Londres, de la viralización de la fotografía, el gobierno de la República quiso dar marcha atrás. Solamente al manejo mediático.

Todo comenzó con el tuit de Carlos Loret de Mola diciendo que tenía la confirmación de la Secretaría de Gobernación —así, en el más amplio espectro, una entidad llamada «la Secretaría»—, de que la familia Macías Tubilla, incluida Karime, no había viajado desde la Ciudad de México, donde inicialmente se les situaba.

Poco después un boletín de la PGR decía que ninguna de las personas «señaladas por los medios de comunicación» habían entrado o salido de México en días recientes.

Lo que venía a darle razón a Loret de Mola.

O sea, no negaron que se fueron de Bogotá a Londres…

Y, parece no tener importancia, no tienen registrada la entrada a territorio nacional de la mamá, la hermana, el cuñado y los sobrinos… de lo que, presuntamente, existe una fotografía cuando llegaron al aeropuerto de Toluca, en el mismo avión privado en el que habrían viajado a Guatemala. ¿Fue falsa la fotografía publicada en las redes sociales de este regreso familiar?

Como por arte de magia, el viernes 21 de abril casi todos los diarios de circulación nacional tenían «olvidada» la gran nota del viaje de Karime. Como si se hubiesen puesto de acuerdo, hasta *La Jornada*, bajaron la nota del lugar que merecía: destacada en primera página. Únicamente el diario *Reforma* la publicó así. De idéntica forma, mucha coincidencia, los columnistas de todos los medios no publicaron nada al respecto.

En las redes sociales fue muy distinto. Siguió siendo un tema muy fuerte. Con expresiones de gran rechazo.

Ricardo Alemán, columnista político, subió información de que la señora Karime no habría viajado, sino que solamente lo hicieron sus hijos y su madre… y por la noche aclaró que esta confusión se debió a que los pasajeros hicieron su acreditación ante la compañía Delta por partes, tratando de pasar desapercibidos. En total viajaron, según el periodista, 13 personas.

Para estar segura, ante la primera negativa de Ricardo Alemán, le pregunté a un amigo colombiano si la fotografía publicada correspondía al aeropuerto de Bogotá, y me respondió que se trata de la última sala de espera de los vuelos que salen a Europa, que está separada de la salida hacia México u otros países latinoamericanos, tratados casi como vuelos «locales». Que estarían fotografiados a la altura de la sala 25 o 28, a punto de abordar.

Cierto o falso que la familia de Karime entró y salió de México, en la PGR no negaron el viaje de Colombia a Londres. Porque tenían libertad para hacerlo.

Esto, quiero creer, por el pacto que llevó a la entrega de Javier Duarte. Y el precio otorgado por el gobierno a su silencio ¿Quiénes acompañaban a Karime, además de su familia? ¿A cambio de qué habían decidido correr su misma suerte? ¿Viajaron todos en clase Ejecutiva?

Hay versiones, confiables, de que otra prima suya habría intervenido para arreglar su alojamiento en Londres, aunque podría ser también en Ámsterdam. Y otras, publicadas en los medios de circulación nacional del día 28 de abril de 2017, de que se fue a vivir a Italia, tal vez por el clima, con todos sus acompañantes.

¿Qué podría decir Javier Duarte que vale la impunidad a su esposa y cómplice, sin precio, varios años en la cárcel, su silencio, el ridículo?

Circula un audio donde se escucha la voz de Duarte amenazando con dejar sin dinero al PRI. El expresidente Felipe Calderón habría dicho, en Veracruz, durante el cierre de campaña del entonces candidato Miguel Ángel Yunes, que el gobernador le entregó 3,000 millones de pesos a Peña Nieto para su campaña presidencial. Y todos han hablado, todos los que hablan con conocimiento de causa, de que, en realidad, fueron 2,500 millones.

¿Hay pruebas de esto? Quién sabe. A lo mejor Javier las tiene. Y esto habría sido su moneda de cambio.

Karime está mencionada, lo que tiene validez jurídica, en la investigación de la PGR. Dentro del Expediente FED/SEIDDF/

UEIDFF-VER/0000691/2016, llevado por la Agencia Segunda Investigadora CGI, donde el agente del Ministerio Público Titular, licenciado Roberto Rojas Esquivel, pidió información CONFIDENCIAL de las actas de nacimiento de varias personas, todas presuntos cómplices de Duarte según se ha ido sabiendo.

Suman 32. Entre ellos, además de Karime, sus padres, su hermana, su cuñado; la madre de Duarte, Cecilia; Jorge Fernando Ramírez Tubilla, Daniel Duarte de Ochoa, Corsi Tubilla Letayf, Lucía Letayf Barroso, Óscar Aguilar Galindo, José Antonio Chara Mansur, Mónica Babayan Canal... más los que se acumulen.

Y apuesten por la impunidad compartida.

Entre estas personas, sujetas de la investigación que iniciaba en julio de 2016, hay que insistir, está Karime Macías Tubilla.

Después de la exhibición de los diarios, el gobernador Miguel Ángel Yunes insistió: «Hemos encontrado un cúmulo de documentos que presumiblemente vinculan a la señora Karime Macías de Duarte en la planeación, preparación y ejecución de acciones para desviar recursos públicos en beneficio personal».

¿Por qué no ha vociferado contra su huida a Europa? ¿Puede ser parte del «pacto»? ¿Va a tragarse todas sus declaraciones? ¿Va ser omiso como tanto criticó a otras autoridades?

A esto deben agregarse las declaraciones del abogado Ortega, que la incriminan en la compra-venta de casas en el extranjero. Así como las dos residencias registradas a su nombre en Estados Unidos.

El PRD pidió en el Congreso que fuera detenida. Y la bancada del PAN anunció que haría otro tanto. Como si fuese llamada a misa.

La mayor cantidad de pruebas está en los diarios que hizo públicos, a medias, el actual gobernador de Veracruz, Miguel Ángel Yunes. Que sustentaron sus dichos, ya mencionados, ante Carmen Aristegui, calificando a la señora Karime Macías de Duarte como «la gran operadora de Duarte».

En su portal de Internet, *De Interés Público*, el periodista veracruzano Mussio Cárdenas Arellano escribe:[33] «Libre, Karime Macías vale menos que en una celda. Por ella pasa la información clave del saqueo, la ruta del dinero robado a Veracruz, su destino y el lavado, sus cómplices políticos, los que encubrieron a Javier Duarte. Por eso su vida no vale ya».

Cierto o no, sujeta a ser víctima de un crimen político, la señora se está dando una muy buena vida.

¿Qué va a hacer Yunes frente a la aparente, o total, como se prefiera, impunidad otorgada a Karime? Esto es lo que no se están preguntando los analistas, los políticos, los ciudadanos y debemos repetir.

¿O el pacto para dejarla en libertad, con recursos suficientes para vivir en Europa, fue también firmado por él?

¿Qué papel va a jugar Yunes en la detención de Duarte? ¿Va a esperar con los brazos cruzados que lo traigan a México? ¿Su Fiscalía, independientemente de la capacidad o incapacidad de su titular, va a guardar las investigaciones? ¿No van a ligar, o como quiera que se diga dentro del Nuevo Sistema de Justicia Penal, a Duarte con los expedientes abiertos contra otros ya detenidos en Veracruz por complicidad, como Arturo Bermúdez?

Este último, que fue titular de la Secretaría de Seguridad Pública, declaró que habría recibido órdenes del entonces secretario de Finanzas para «lavar» el presupuesto de esa dependencia, y utilizarlo para pagar a algunos proveedores. Acusaciones contenidas en el expediente de la PGR contra Duarte que leyó la autoridad guatemalteca ante el mismo exgobernador, en el que van a estudiar si procede la extradición a México.

Todo indica que Karime Macías va a salir «impoluta» de todo lo que sucedió, ilegalmente, durante el gobierno de su marido. Que no va a compartir su suerte. A menos que la presión de la opinión pública importe, pero frente a su viaje a Londres parece que, tampoco, esta va a ser decisiva.

---

[33] 18 de abril de 2017.

¿Por qué? A preguntarle a Enrique Peña Nieto, máxima autoridad en nuestro país.

Si logra esta hazaña el mensaje será terrible, inmensamente negativo para todos los que quieren creer que vivimos en un país de leyes.

También se demostrará que la «inteligente», la más audaz, la que tuvo mayor capacidad criminal de la pareja, fue ella.

Y no nos deberá extrañar si algún día, dentro de poco tiempo, nos enteramos de que se divorcia y vuelve a casarse…

Con Karime no habrá ya sorpresas. Ningún estupor frente a su historia. Ningún asombro; así, a final de cuentas, así sigue siendo el sistema político mexicano…

⌁

«Dios está en todos lados pero en Veracruz duerme»: Karime Macías de Duarte.

⌁

«Sí merezco abundancia»: Karime Macías de Duarte.

⌁

¿Y de todos los miles de millones de pesos solamente se compró, para ella, para ponerse encima, unos aretes de brillantes? ¿Todo por unos pinches aretes de brillantes…?

■ IA